D1732019

Karmen Kunc-Schultze
Fotografie im Coaching

Persönlichkeitsentwicklung mit Photoprofiling

Rosenberger
Fachverlag

Bibliografische Information der Deutschen Bibliothek

Die Deutsche Bibliothek verzeichnet diese Publikation in der Deutschen
Nationalbibliografie; detaillierte bibliografische Daten sind im Internet
unter http://dnb.ddb.de abrufbar.

www.rosenberger-fachverlag.de

Umschlaggestaltung und Grafik: Eva Rosenberger, Stuttgart
Lektorat: Manuela Olsson, M.A., Göppingen
Satz: UM-Satz- & Werbestudio Ulrike Messer, Weissach
Druck: Bercker, Kevelaer
Printed in Germany
ISBN 978-3-931085-79-7

Inhalt

Jeder Mensch ist ein Diamant.
Einzigartig, facettenreich, wertvoll und schön
KARMEN KUNC-SCHULTZE

Liebe Leserin, lieber Leser,[1]

stellen Sie sich vor, ich würde Sie in diesem Augenblick fotografieren. Wie sehen Sie aus? Was haben Sie gerade für Kleidung an? Welche Haltung nehmen Sie ein? Was sagt Ihre Mimik? Sind Sie in Ihrer Arbeitsstelle oder zu Hause? Wie fühlen Sie sich gerade? Alle diese Fragen kann uns ein Foto schnell und einfach beantworten. Denn die Bildsprache ist für uns viel eingängiger als Worte. Wir denken und fühlen in Bildern. Ihre Wirkung auf uns ist unbestritten, aber das Potenzial ist noch lange nicht ausgeschöpft. Ich habe die Fotografie als Katalysator für Persönlichkeitsentwicklung im Coaching entdeckt. Entstanden ist ein effektives und fundiertes Coachingkonzept: das Photoprofiling.

Photoprofiling wird die Coachingszene entscheidend beeinflussen. Denn kein Ansatz schafft zurzeit eine bessere Verbindung zwischen der kognitiven und der emotionalen, intuitiven Ebene auf dem Hintergrund von wissenschaftlichen Erkenntnissen aus der Psychologie und Gehirnforschung.

Im digitalen Zeitalter besticht die Fotografie durch eine unkomplizierte Handhabung. Jeder kann das Medium für die eigene Persönlichkeitsentwicklung einsetzen. Und viele tun es schon unbewusst oder bewusst, in dem sie Wichtiges fotografisch festhalten.

Dieses Buch gibt Ihnen einen Überblick über die Entstehung und die Grundlagen meines Konzepts und vermittelt Ihnen vielfältige Methoden für Ihre Persönlichkeitsentwicklung und positive Selbstpräsentation.

Sie sind eine Persönlichkeit, die das eigene Potenzial bestmöglich ausschöpfen will? Sie tragen viel Verantwortung als Coach, BeraterIn, PersonalentwicklerIn, UnternehmerIn oder Führungskraft? Sie interessieren

---

1 Liebe Leserinnen, in meiner Begrüßung möchte ich Sie explizit ansprechen, da mir insbesondere die Unterstützung von weiblichen Führungskräften sehr am Herzen liegt. Ich hoffe, Sie können mir verzeihen, wenn ich im folgenden Teil meines Buches zur Vereinfachung nur die männliche Form benutze. Sie können sich sicher sein, dass ich Sie immer in meinem Denken und Handeln berücksichtige.

sich für neue Coachingkonzepte und Methoden? Im Photoprofiling werden bewährte Coachingmethoden durch Neue ergänzt und durch einen entscheidenden Faktor bereichert – Visualisierung mit Fotos.

Auf den Punkt gebracht ist Photoprofiling eine Kombination aus psychologischer Beratung, systemischem Coaching und dem professionellen Einsatz des Mediums Fotografie. Die Außenperspektive der Fotografie dient zur Reflexion, Dokumentation und Außendarstellung von Persönlichkeitsprofilen und zur Förderung von Wachstumsprozessen. Die nonverbale Ebene öffnet Türen zum Wesentlichen. Bilder in Verknüpfung mit Lernprozessen schaffen Nachhaltigkeit.

Leider setzt sich bei Coachs und Führungskräften der Trend durch, einmalige Kurzzeitberatungen oder Trainings als ausreichend zu bewerten. In Zeiten knapper Mittel bedient es den aktuellen Zeitgeist: „Kurz, schnell, kostengünstig". Berater und Entscheidungsträger sind aber in der Verantwortung, Ratsuchenden und Mitarbeitern bestmögliche Grundlagen für eine positive, wachstumsfördernde Situation zu bieten. Wer Nachhaltigkeit und beständiges Wachstum des Unternehmens und der Mitarbeiter anstrebt, muss auch kontinuierlich und langfristig investieren.

Photoprofiling ist ein prozessorientiertes Einzelcoaching. Es besteht aus bewährten Zutaten, ist aber durch seine Kombination einzigartig. Es steigert die Zufriedenheit und Leistungsfähigkeit der Nutzer und fördert deren positive Außenwirkung. Photoprofiling ist daher wirtschaftlich, gewinnbringend und nachhaltig für den Ratsuchenden und für sein Unternehmen.

Ich habe mich in meiner 20-jährigen Praxis als Psychotherapeutin und Beraterin der Förderung von Wachstumsprozessen meiner Klienten verschrieben. Ich liebe es, Menschen auf ihrem Weg zu begleiten und mein Bestes zu geben, um sie bei ihrer positiven Weiterentwicklung zu unterstützen. Jeder von uns hat eine prall gefüllte Schatztruhe mit unzähligen Stärken und Erkenntnissen. Meine Erfahrung zeigt, dass die meisten Menschen weit unter ihren persönlichen Entwicklungsmöglichkeiten bleiben.

Im Photoprofiling werden die Einzigartigkeit, der Facettenreichtum, die Stärken und die ungenutzten Potenziale von Persönlichkeiten herausgearbeitet und visualisiert. Der Klient bekommt Antworten auf die Fragen: Wer bin ich? Was sind meine Stärken und ungenutzten Potenziale? Wie wirke ich auf andere? Was will ich wirklich? Photoprofiling stärkt das Selbstbewusstsein, fördert die Selbstliebe und unterstützt bei der Realisierung von Visionen.

Sie beraten oder leiten ein Unternehmen, das erkannt hat, dass Ihr wichtigstes Kapital Menschen sind? Dann wissen Sie, dass es sich lohnt, in die Potenzialentwicklung Ihrer Führungskräfte und Mitarbeiter zu investieren.

Coachs und Beratern bietet Photoprofiling neuartige, effektive Methoden als Ergänzung zum schon vorhandenen Fundus.

Unternehmer und Personalentwickler bekommen mit Photoprofiling ein neues Persönlichkeitscoaching für ihre Führungskräfte und Mitarbeiter.

Für Führungskräfte ist Photoprofiling ein wachstumsförderndes Coaching, um das eigene Potenzial weiter zu entwickeln und eine ausgewogene Situation für das Berufs- und Privatleben zu schaffen.

Gerne teile ich meine Erkenntnisse und Methoden mit Ihnen. Mein Buch ist praxisnah. Viele Methoden sind so aufbereitet, dass sie auch im Selbstcoaching angewendet werden können. Fallbeispiele lassen Sie die Beratungsprozesse anhand von Fotodokumentationen, schriftlichen Falldarstellungen und Feedbacks der Auftraggeber nachvollziehen.

Um die Persönlichkeitsrechte meiner Klienten zu schützen, stehen die visuellen Darstellungen in keinem Zusammenhang mit den schriftlichen Beispielen.

Wenn Sie Fragen haben oder mir Feedback geben wollen, schreiben Sie mir bitte unter kks@photoprofiling.com.

Viel Spaß beim Lesen wünscht Ihnen
KARMEN KUNC-SCHULTZE

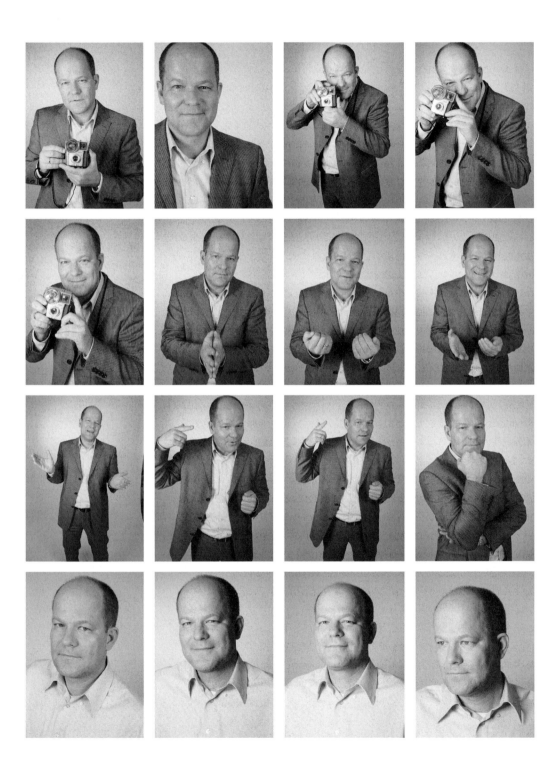

1. Entstehung und Basis von Photoprofiling

1.1 Die Anfänge von Photoprofiling

Es begann mit dem Kauf einer gebrauchten Kamera, die mir durch Zufall im Vorbeigehen in einem Fotogeschäft auffiel. Ich befand mich gerade in einer Phase des Umbruchs und der Neuorientierung. Nach zehn Jahren Berufstätigkeit zeigte mir ein Burn-out sehr deutlich, dass ich so nicht weitermachen konnte. Als engagierte Psychotherapeutin und Beraterin arbeitete ich sehr viel und nahm gedanklich die Arbeit mit nach Hause. Ich begann an mir und meinem Beruf zu zweifeln.

Meine erste Kamera, eine Minolta XD 7, zog mich magisch im Schaufenster an und brachte mich dazu, sie spontan zu kaufen, ohne vorher jemals daran gedacht zu haben. Ich fotografierte alles, was mir vor die Linse kam. Das Fokussieren durch die Begrenzung des Objektivs und die Ausrichtung der Wahrnehmung nach außen schaffte neue Perspektiven. Durch die ungewohnte Sicht gelang es mir, die Welt und mich mit neuen Augen zu sehen. Insbesondere als ich begann, Selbstporträts zu fotografieren, die mir die Außenwahrnehmung auf mich selbst ermöglichten. Es bot sich mir die Chance, mich mit meinen Selbstbildern auseinander zu setzen. Ich erkannte, dass ich viel mehr bin, als das, was ich bis dahin wahrnehmen konnte.

Aus meinem Burn-out zog ich folgende Konsequenzen: achtsam mit mir umzugehen, meine Möglichkeiten besser auszuschöpfen und meine Grenzen zu respektieren. Dies gelingt mir bis heute sehr gut und macht mich stolz. Ich bin im Nachhinein dankbar für diese Krise. Sie hat meine Wahrnehmung geöffnet und mich dazu gebracht, mich auf das Wesentliche zu fokussieren.

Auf dem Hintergrund dieser Erfahrungen und Erkenntnisse begann ich, meine Klienten im Verlauf von Beratungsprozessen zu fotografieren und die Fotos mit ihnen gemeinsam zu reflektieren. Und auch bei meinen Klienten gab es Aha-Effekte. Rückmeldungen wie „Ich wusste gar nicht, dass ich so vielfältig bin" oder „Ich lerne mich neu kennen" oder „Ich bin erstaunt über meine Ausdrucksmöglichkeiten", waren Auslöser, das

Medium weiter in Beratungen einzusetzen. Aber auch das Aufdecken von kritischen und negativen Selbstbildern und Gefühlen oder einer negativen Außenwirkung konnten durch die Visualisierung bearbeitet und korrigiert werden. Nach und nach entstand mein Photoprofiling-Konzept. Meine Kreativität explodierte geradezu, ich entwickelte immer neue Fokussierungen und Methoden.

Heute weiß ich, dass die Fotografie nicht zufällig in mein Leben trat. Sie war der fehlende Baustein, um meine Beraterkompetenzen und meine ungenutzten Potenziale zu entfalten und miteinander zu verbinden.

In einem 4-jährigen Fotodesignstudium professionalisierte ich den Umgang mit dem Medium. Alles, was ich in meinem Leben erlebt, gelernt und getan habe, fügte sich nach und nach zu einer Ganzheit zusammen. Wie ein Puzzle nahm es Form, Kontur und Farben an und bot mir neue Einblicke in mein vielfältiges Potenzial.

1.2 Mein Verständnis von Coaching

Zunächst gebe ich Ihnen einen kurzen Abriss, woher der Begriff „Coaching" kommt und welche Bedeutung er allgemein hat. Der Begriff „Coach" kommt ursprünglich aus Ungarn und bedeutet eigentlich „Kutsche", im Englischen ist er seit dem 19. Jahrhundert im Gebrauch. Das konkrete Bild einer Kutsche vermittelt einen wesentlichen Kern von Coaching: Die Kutsche ist ein Hilfsmittel, um sich auf den Weg zu machen und ein Ziel zu erreichen.

Im deutschen Sprachraum verwenden wir den Begriff „Coaching" hauptsächlich im Zusammenhang mit dem Training von Spitzensportlern und der Beratung von Führungskräften.

Coach ist eine ungeschützte Berufsbezeichnung. So kann sich zurzeit jeder als Coach bezeichnen. Im Alltagsgebrauch wird der Begriff „Coaching" für nahezu jegliche Form von Training und Beratung verwendet. Für Ratsuchende ist es daher sehr schwer zu unterscheiden, was einen qualifizierten von einem nicht qualifizierten Coach unterscheidet. Es gibt

Berufsverbände, die Qualitätsstandards setzen, doch die Mitgliedschaft ist nicht unbedingt eine Garantie für ein fundiertes Coachingangebot. Ich verstehe Coaching folgendermaßen:

_ Ein Coach sollte die Arbeit mit Menschen lieben und Spaß daran haben.

_ Qualifiziertes Coaching sollte auf der Grundlage von wissenschaftlichen Erkenntnissen aus Psychologie, Verhaltens- und Gehirnforschung erfolgen.

_ Ein ganzheitliches Coaching ist in der Regel eine prozessoffene, individuelle Beratung, in der Fragestellungen behandelt werden, die die beruflichen und privaten Aufgaben und Rollen sowie die Persönlichkeit des Klienten betreffen.

_ Visualisierung ist ein fester Bestandteil eines effektiven Coachingvorgehens. Es dient dem Verständnis, der Dokumentation und der Nachhaltigkeit von Lernprozessen.

_ Coaching soll Ziele klären, die individuelle Weiterentwicklung fördern und die Leistungsfähigkeit des Klienten erhalten und steigern.

_ Der Klient trägt die volle Verantwortung für sich und seine Handlungen innerhalb und außerhalb der Coachingsitzungen. Der Coach steht dem Klienten als Prozessbegleiter und zur Unterstützung bei Entscheidungen und Veränderungen zur Seite. Die eigentliche Veränderungsarbeit wird vom Klienten geleistet. Der Klient sollte daher bereit und offen sein, sich mit sich selbst und seiner Situation auseinanderzusetzen.

_ Coaching kann keinen psychotherapeutischen Bedarf decken. Ein verantwortungsvoller Coach erkennt die Grenzen und teilt sie mit.

_ Der Coach ist in der Verantwortung, seine Kompetenzen durch Fortbildungen zu aktualisieren und zu erweitern.

_ Die Basis der Zusammenarbeit zwischen Klient und Coach ist Vertrauen, Respekt und Diskretion.

Kommen wir noch mal zum Ursprung des Begriffs der Kutsche zurück, so gibt im übertragenen Sinne der Fahrgast (Auftraggeber) das Ziel vor und der Kutscher (Coach) zeigt Wege auf, wie der Fahrgast am besten zum Ziel kommt.

1.3 Psychologie der Persönlichkeit

Unsere Psyche ist Gegenstand vieler wissenschaftlicher Untersuchungen. Der Begriff „Psyche" kommt aus dem Griechischen und bedeutet „Seele, Hauch, Leben". In der Psychologie wird es als das seelisch-geistige Leben des Menschen im Gegensatz zum körperlichen Sein verstanden. Unsere Seele bildet also zusammen mit unserem Körper und dem Geist unsere Persönlichkeit. Psychologen definieren Persönlichkeit auf viele unterschiedliche Weisen, aber alle kommen zu dem Schluss, dass Persönlichkeit sich aus einem komplexen Miteinander von einzigartigen psychischen Eigenschaften zusammensetzt, die durch charakteristische Verhaltensmuster in längeren Zeiträumen sichtbar werden. Dementsprechend definiere ich den Begriff „Persönlichkeit" umfassend als die für einen Menschen charakteristischen Denk-, Erlebens- und Verhaltensweisen. Diese sind zum einen relativ stabil, da sie auf Einstellungen, Werten und früheren Erfahrungen beruhen. Zum anderen sind sie aber auch einer ständigen Veränderung unterworfen, da der Mensch fortwährend neue Erfahrungen macht, anderen Einflüssen unterliegt und an sich selbst arbeitet.

Jeder kennt den Begriff „Persönlichkeit" und verwendet ihn ganz selbstverständlich. Wir sprechen oft von „Persönlichkeitsentwicklung" und davon, dass Herr A. oder Frau B. „eine Persönlichkeit" sei. Doch in der Wissenschaft gibt es keine allgemein anerkannte Definition dieses Begriffs, seine Verwendung ist davon abhängig, welche der vielen Persönlichkeitstheorien mit ihren jeweiligen Schwerpunkten der jeweilige Wissenschaftler vertritt. Wie groß die Unterschiede hier sein können, möchte ich Ihnen an einem kurzen Überblick über die verschiedenen Ansätze verdeutlichen.

1.3.1 Persönlichkeitstheorien

Einige Theoretiker kategorisieren Menschen in verschiedene Typen. Eine der ersten Typologien wurde im 5. Jahrhundert von Hippokrates entwickelt. Er ging davon aus, dass der menschliche Körper über vier wesentliche Körpersäfte verfügt, die durch eine bestimmte Menge und Temperatur die Emotionen und Verhaltenswesen beeinflussen. William Sheldon (1942) brachte den Körperbau in Verbindung mit dem Temperament. Die aktuellste Typologie wurde von Frank Sulloway (1996) erstellt und basiert auf der Geburtsreihenfolge. Diese Theoretiker gehen davon aus, dass den jeweiligen Typen bestimmte charakteristische, festgelegte Persönlichkeitsmerkmale und Verhaltenswesen zugeschrieben werden können. Bestätigt werden sie auch von den Anhängern der Vererbungstheorien und von der Zwillingsforschung, die herausgefunden hat, dass eineiige voneinander getrennt lebende Zwillinge ähnliche Persönlichkeitsmerkmale entwickeln. Bestimmte Persönlichkeitseigenschaften seien also genetisch vorbestimmt und daher nur schwer veränderbar.

Psychoanalytikern geht es indes weniger um die Einteilung der Menschen nach Persönlichkeitstypen, sondern um die Dynamik der Entwicklung von Persönlichkeit. Nach Sigmund Freud besteht die Persönlichkeit aus unbewussten, teilbewussten und bewussten Schichten, aus dem Es, dem Ich und dem Über-Ich. In ihr wirkten starke angeborene Kräfte, die als Libido bzw. als Lebens- und Todestriebe bezeichnet werden. Die Entwicklung der Persönlichkeit durchlaufe bestimmte Phasen. Theoretiker in der Nachfolge Freuds wie Alfred Adler, Karen Horney und C. G. Jung betonen die Ich-Funktion und soziale Variablen stärker und weisen den sexuellen Trieben eine weniger entscheidende Rolle zu. Die Persönlichkeitsentwicklung sei ein lebenslanger Prozess.

Für die klassischen Lerntheorien entsteht die Persönlichkeit des Einzelnen hingegen aus Verhaltensmustern bzw. Reaktionstendenzen. Der bekannte Wissenschaftler und Nobelpreisträger Iwan Pawlow untersuchte das Phänomen der klassischen Konditionierung („Pawlowscher Hund"). Konditionierungen werden nach Pawlow im Verlauf der Entwicklung aufgrund von Verstärkungs- und Nachahmungsprozessen gelernt und können jederzeit wieder verlernt werden. Moderne soziale Lerntheorien und kognitive Theorien teilen die Überzeugung von John Dollard und Neal Miller, zwei führenden Psychologen der Yale Universität. Sie führten schon in den 1950er Jahren Konzepte wie gelernte Triebe, Reaktionshemmung und gelernte Gewohnheitsmuster ein. Ähnlich wie Freud betonten sie die Rolle der motivierenden Kraft der Spannung und die verstärkenden Konsequenzen der Spannungsreduktion. Walter Mischel entwickelte eine einflussreiche Theorie der kognitiven Basis der Persönlichkeit. Lernen wird daher auch als Informationsaufnahme und Verarbeitung bezeichnet, da die Person aktiv an dem Prozess beteiligt sei und das Ergebnis dieses Lernens keine isolierten Verbindungen zwischen Verhalten und Folgen, sondern Strukturen seien.

Einige kognitive Theorien beschäftigen sich im Besonderen mit dem Zusammenhang zwischen Kognition und Handlung. Die Handlungssteuerung wird hier zum Kern der Theoriebildung. Die Handlungen werden durch einen Plan gesteuert, dieser kann in Teilschritte zerlegt, ein grober oder ein sehr exakter Entwurf der zukünftigen Handlung sein. Im Unterschied zum Behaviorismus wird der Mensch als Subjekt gesehen, das nicht unter der Kontrolle seiner Umwelt steht, sondern sich selbst seine Ziele setzen und diese erreichen kann. (Edelmann, 1995)

Humantheoretiker wie Carl Rogers, Abraham Maslow und Karen Horney konzentrieren sich auf die Selbstverwirklichung und das Wachstumspotenzial von Menschen. Sie gehen davon aus, dass jeder Mensch danach strebt, seine einzigartigen angeborenen Eigenschaften und seine erlernten Verhaltensweisen bestmöglich für die eigene Selbstverwirklichung einzusetzen. Der Mensch brauche jedoch die Unterstützung aus seiner Umwelt, dazu gehöre eine warme, liebevolle, zwischenmenschliche Atmosphäre und eine gute Förderung. Fehlen diese günstigen Umweltbedingungen in der Kindheit, so entwickelten viele junge Menschen eine grundlegende Angst. Es werde schwerer, Vertrauen zu sich selbst und zum anderen zu erlangen. Meine Erfahrung zeigt, dass Selbstvertrauen jedoch auch noch im Erwachsenenalter durch günstige Rahmenbedingungen und durch liebevolle Zuwendung von anderen Menschen entwickelt werden kann.

In den vergangenen zehn Jahren wurde das Fünf-Faktoren-Modell oder Big Five populär. Es ist keine Persönlichkeitstheorie (McCrae und Costa), wird jedoch sehr oft zur Persönlichkeitsanalyse eingesetzt. Es basiert auf vielen der beschriebenen Theorien und Untersuchungen sowie auf Selbstbeurteilungstests von Probanden. Demnach gibt es fünf grundlegende Dimensionen von Eigenschaften, die die Struktur einer Persönlichkeit ausmachen (Gerrig, Zimbardo 2008):

_ Extraversion beschreibt Eigenschaftsbegriffe wie gesprächig, energiegeladen und durchsetzungsfähig vs. ruhig, zurückhaltend und schüchtern.

_ Verträglichkeit bedeutet: mitfühlend, freundlich und herzlich vs. kalt, streitsüchtig und unbarmherzig.

_ Gewissenhaftigkeit beschreibt Persönlichkeitsmerkmale wie organisiert, verantwortungsbewusst und vorsichtig vs. sorglos, leichtsinnig und verantwortungslos.

_ Neurotizismus ist die Dimension emotionaler Stabilität und Zufriedenheit vs. Instabilität, Ängstlichkeit und Launenhaftigkeit.

_ Offenheit für Erfahrungen charakterisiert die fünfte Dimension. Darunter fallen Eigenschaftsbegriffe wie kreativ, intellektuell und offen vs. einfach, oberflächlich und nicht intelligent.

Unterstützer des Fünf-Faktoren-Modells haben des Weiteren zu klären versucht, warum sich gerade diese fünf Dimensionen herausbilden, und haben dazu die Evolutionstheorie herangezogen. Sie setzten die fünf Dimensionen in Bezug zu Kategorien von Interaktionen, die Menschen von Beginn der menschlichen Entwicklung an miteinander und mit der Außenwelt erleben. Eine evolutionäre Basis ist hilfreich, um die Universalität der fünf Faktoren über unterschiedliche Kulturen hinweg zu erklären, denn in allen Sprachen gibt es Begriffe für Persönlichkeitsmerkmale. Forschergruppen haben auf dieser Basis anerkannte Persönlichkeitstests entwickelt, die weltweit eingesetzt werden. Es gibt jedoch auch Kritiker des Fünf-Faktoren-Modells, die eine mangelnde Verankerung des Modells in der menschlichen Physiologie sehen.

Das Modell hat also durchaus Schwächen und kann die Komplexität der menschlichen Persönlichkeit und ihrer Wechselwirkungen mit der Umwelt nicht umfassend berücksichtigen. Bei allen Unzulänglichkeiten liefern die Analogien der Sprachen, die sich im Modell widerspiegeln, aber noch immer die prägnanteste und umfassendste Beschreibung dessen, was uns als Menschen unterscheidet.

1.3.2 Unsere Einflussmöglichkeiten

Die verschiedenen Persönlichkeitstheorien und Modelle können bisher nicht umfassend die Komplexität unserer Persönlichkeit erfassen und die Widersprüchlichkeit mancher Erkenntnisse auflösen. Die meisten gehen jedoch davon aus, dass wir im großen Maße unsere Persönlichkeitsentwicklung mitbestimmen können. Der Mensch nimmt also seine inneren Prozesse, sein Verhalten und seine Wirkung auf andere wahr (Selbstwahrnehmung), beurteilt diese Wahrnehmungen, hat ein Bild von sich selbst (Selbstkonzept) und bewertet sich selbst (Selbstwertgefühle). Dementsprechend kann er an sich arbeiten, positive Persönlichkeitscharakteristika fördern und negative Eigenschaften abbauen. Mit zunehmendem Alter werden die eigene Weiterentwicklung, Individuation und Selbstverwirklichung immer mehr zur selbstverantwortlichen Aufgabe. Das bedeutet, dass wir immer weniger die Verantwortung für Persönlichkeitsmängel und unerwünschte Eigenschaften auf Dritte oder unsere Rahmenbedingungen schieben können. Lassen wir uns davon leiten, gilt es das Heft selbst in die Hand zu nehmen und konstant und konsequent an der eigenen positiven Persönlichkeitsentwicklung und der selbstbestimmten Lebensführung zu arbeiten.

1.4 Verarbeitung und Wirkung von Bildern

Der Gehirnforscher Gerald Hüther schreibt in seinem Buch „Die Macht der inneren Bilder" (2009): „Innere Bilder sind Ideen und Visionen von dem, was wir sind, was wir erstrebenswert finden und was wir vielleicht einmal erreichen wollen. Es sind im Gehirn abgespeicherte Muster, die wir benutzen, um uns in der Welt zurechtzufinden. Wir brauchen diese Bilder, um Handlungen zu planen, Herausforderungen anzunehmen und auf Bedrohungen zu reagieren. Innere Bilder sind also maßgeblich dafür verantwortlich, wie wir und wofür wir unser Gehirn benutzen."

Die inneren Bilder, die wir uns von uns selbst machen, wirken also maßgeblich auch auf unser Handeln ein. Einerseits gibt uns das Sicherheit, aber andererseits schränkt es uns auch ein, da unsere Sicht durch unsere

subjektive Wahrnehmung, unsere Befindlichkeit und die Rahmenbedingungen beeinflusst wird. Das führt manchmal dazu, dass wir unsere
Potenziale und Möglichkeiten nicht mehr wahrnehmen können. Photoprofiling setzt genau da an, wo unsere gewohnte Wahrnehmung aufhört.
Fotografie als Medium zur Selbstreflexion ermöglicht uns eine Visualisierung der inneren und äußeren Bilder. Aus der Distanz betrachtet eröffnet sie uns eine Metaebene. Wir können diese überprüfen, bestätigen
oder verwerfen.

Schauen wir uns die Geschichte der Abbildung von Menschen und des
fotografischen Porträts im Speziellen an, können wir Folgendes entdecken: Schon in der Antike wurden Selbstbilder von Herrschern auf Mün-
zen geprägt, um die eigene Bedeutung und Macht zu demonstrieren.
In der Renaissance wurde es bei der privilegierten Schicht Mode, sich
von Malern porträtieren zu lassen. Man wollte sich für die Nachfahren
verewigen und glaubte, dadurch noch Einfluss nach dem Tode geltend
machen zu können.

Wie funktioniert unsere Wahrnehmung? Wie lernen wir? Welche Faktoren beeinflussen die Nachhaltigkeit unserer Lernprozesse? Welche
Wirkung haben Bilder auf unser Lernen?

Einige Antworten darauf fand ich in den Ergebnissen der Gehirnforschung. Dieses riesige Forschungsgebiet vollständig darzustellen ist hier
nicht der richtige Ort. Daher möchte ich mich auf einiges Grundsätzli-
ches und vor allem auf das für mein Coachingkonzept relevante Wissen
beschränken.

1.4.1 Sinne

Sechs Sinne, so steht es in Lehrbüchern, haben wir Menschen. Wir können damit sehen, riechen, schmecken, tasten, hören und merken, wenn
wir aus dem Gleichgewicht (Gleichgewichtssinn) geraten. Mit Hilfe
dieser Wahrnehmungen finden wir uns in der Welt zurecht und entwickeln daraufhin Verhaltensmuster, die im Gehirn gespeichert werden.

Wir entwickeln Bilder davon, wie unsere Welt geschaffen ist, wie sie sich verändern kann und wann Gefahr von außen droht. Die aus unseren Sinneseindrücken zusammengesetzten Collagen sind allerdings keine wahren Abbilder unserer Realität, sondern Konstrukte. Diese ergeben sich aus der Beschränktheit unserer Wahrnehmungsmöglichkeiten. Jeder Mensch nimmt anders wahr – die Konstrukte der Wirklichkeit sind bci zwei Menschen unterschiedlich, auch wenn sie dasselbe sehen oder erleben. Auch die Sinnesorgane und damit die Wahrnehmung anderer Lebewesen unterscheiden sich wesentlich von der menschlichen Wahrnehmung, Fledermäuse zum Beispiel können Ultraschall wahrnehmen oder Adler können noch auf eine vielfache Distanz unserer visuellen Wahrnehmungsmöglichkeit ihre Beute sehen. Die Wahrnehmung der verschiedenen Spezies ist soweit entwickelt, wie sie es für das Fortbestehen ihrer Gattung brauchen.

1.4.2 Wahrnehmung

Aus den Sinnen, die uns zur Verfügung stehen, entsteht unsere Wahrnehmung. Fehlt eine Sinnesfähigkeit, wie zum Beispiel bei Blinden, dann entwickelt sich bei ihnen eine besondere Fähigkeit zu hören und tasten heraus.

Unsere Wahrnehmung wird in sechs Glieder unterteilt, die jeweils auf ihr Folgeglied Einfluss ausüben und an jeder Art von Wahrnehmung in genau dieser Reihenfolge beteiligt sind. Die Wahrnehmungskette ist in sich geschlossen, das heißt, dass das sechste Glied wiederum das erste Glied der Kette beeinflusst:

Die Objekte in der Außenwelt emittieren Signale, zum Beispiel reflektieren sie elektromagnetische Wellen oder sie vibrieren und erzeugen so Schall. Ein solches Signal, das auf Eigenschaften des Objektes beruht, bedarf keines Beobachters. Diese so genannten distalen Reize sind physikalisch messbare Größen; Ausnahmen werden von der Parapsychologie unter dem Begriff „außersinnliche Wahrnehmung" erforscht.

Ein Übertragungsmedium übermittelt den Reiz an die Sinneszellen, wo er durch Interaktion mit diesen zum proximalen Reiz wird. Das bedeutet beispielsweise, dass bestimmte elektromagnetische Wellen auf die Fotorezeptoren des Auges treffen und dort eine zunächst chemische, dann elektrische Reaktion auslösen. Rezeptoren sind Zellen des Körpers, die spezifisch durch bestimmte Medien erregt werden. Sie verwandeln jede Art von Energie, zum Beispiel Licht, Schall oder Druck, in ein elektrisches Entladungsmuster. Ein Vorgang, der Transduktion genannt wird. Löst ein Signal in einem Rezeptor eine Reaktion aus, bezeichnet man es als Reiz. Rezeptoren sind meistens in ausgeprägte biologische Strukturen eingebettet, die Sinnesorgane oder Rezeptororgane, wie zum Beispiel das Auge, genannt werden.

Im Sinnesorgan findet bereits eine massive Vorverarbeitung der empfangenen Signale statt, ebenso wie in allen folgenden Kerngebieten des Gehirns, u. a. durch Filterung, Hemmung, Konvergenz, Integration und Summation. Beispiel: Die Fotorezeptoren des Auges sind nur für einen kleinen Ausschnitt des elektromagnetischen Spektrums empfindlich und sie beeinflussen sich gegenseitig.

Der nächste Schritt in der Gliederkette ist die Bewusstwerdung, die Kognition. Schall wird zum Geräusch, elektromagnetische Strahlung zu Licht.

Prozesse wie Erinnern, Kombinieren, Erkennen, Assoziieren und Urteilen führen zum Verständnis des Wahrgenommenen und bilden die Grundlage für Reaktionen auf den distalen Reiz. Dabei müssen diese Prozesse keineswegs zu einem klar umrissenen gedanklichen Bild führen, auch Empfindungen wie Hunger, Schmerz oder Angst sind Ergebnis der Kognition. Worauf selten hingewiesen wird, ist die Tatsache, dass die Neurophysiologie bisher noch keine Antwort auf die zentrale Frage des Bewusstseins geben konnte. Bislang gibt es noch keine klaren Erkenntnisse, welches die physikalischen Prinzipien sind, auf deren Basis das Gehirn psychische Phänomene hervorbringt.

Letztendliches Ergebnis der Wahrnehmung ist die Reaktion auf die Umwelt. Die Reaktion mag zunächst nicht als Teil der Wahrnehmung einleuchten, muss aber zumindest teilweise hinzugerechnet werden. Der Grund ist, dass viele Reaktionen darauf abzielen, den nächsten Durchlauf der Wahrnehmungskette zu beeinflussen, indem neue Eigenschaften der Umwelt für die Wahrnehmung zugänglich gemacht werden wie zum Beispiel unsere Augenbewegung oder das Abtasten einer Oberfläche mit den Händen.

Unsere Wahrnehmung arbeitet vertikal, das bedeutet, dass zwischen einem Reiz und seiner Repräsentation im Gehirn ein kausaler, nachvollziehbarer Zusammenhang besteht. Ist ein Glied der Wahrnehmungskette gestört, so kann es zu Widersprüchen zwischen dem Reiz und der durch ihn ausgelösten Wahrnehmung kommen und man spricht von einer gestörten Wahrnehmung. Entspricht das Ergebnis des Wahrnehmungsprozesses nicht der Realität, obwohl die Wahrnehmungskette störungsfrei arbeitet, so spricht man von einer Wahrnehmungstäuschung.

Unser Gehirn nimmt aber nicht nur Außenreize wahr, sondern ist auch permanent damit beschäftigt, aus unserer Innenwelt kommende Signale wahrzunehmen und zur Regulation unserer inneren Ordnung und Körperfunktionen zu nutzen. Veränderungen unserer inneren Organe, des Blutflusses, oder des Muskeltonus nimmt unser Gehirn wahr, ohne dass wir es bewusst registrieren. Es macht sich so ständig ein Bild davon, was in uns vorgeht. Immer wenn sich etwas verschiebt oder aus dem Rahmen fällt, leitet unser Gehirn eine Gegenreaktion ein, um das Gleichgewicht wiederherzustellen. Ist eine Störung unserer inneren Ordnung besonders gravierend, sendet das Gehirn Signale aus, die wir bewusst mitbekommen. Zum Beispiel bei Sauerstoffmangel, Durst oder Hunger. Das gleiche passiert auch bei Störungen unserer Psyche.

Eine unserer wichtigsten Wahrnehmungspforten sind unsere Augen. Unsere Sehfähigkeit ist die komplexeste und am höchsten entwickelte Sinnesmodalität, wie auch bei den meisten Lebewesen. Dadurch haben wir einen enormen evolutionären Vorteil. Es hilft uns Veränderungen unserer Umwelt schnell wahrzunehmen und das Verhalten entsprechend anzupassen. Gerade heute, wo visuelle Medien immer mehr an Bedeutung gewinnen, wird unsere visuelle Wahrnehmung sehr in Anspruch genommen. Wir denken und fühlen in Bildern. Es ist wissenschaftlich erwiesen, dass der visuelle Kanal bei den meisten Menschen der ausgeprägteste ist und dass Lerninhalte in Verknüpfung mit Bildern besser von unserem Gehirn abgespeichert werden können. Dieses Wissen ist eine wichtige Grundlage von Photoprofiling.

Was uns von Tieren unterscheidet, ist die Fähigkeit unsere Wahrnehmungen zu bewerten, ihnen also eine Bedeutung zuzuschreiben. Durch eine erhöhte Aufmerksamkeit können wir lernen, die Signale unseres Körpers frühzeitig und klarer einzuschätzen. Auch für Gefühlsreaktionen oder unsere psychische Befindlichkeit allgemein können wir durch Training eine höhere Sensibilität erlangen.

Unsere Wahrnehmung ist also subjektiv durch unsere Bewertung vielen äußeren und inneren Faktoren unterworfen und auf jeden Fall trainierbar. Im Coaching machen wir uns dieses Wissen zu Nutze. Denn wenn wir unsere Wahrnehmung bewusst lenken und beeinflussen können, dann können wir das für uns positiv einsetzen. (Quellen: Goldstein, 2002, Gegenfurtner 2003)

1.4.3 Lernen

Wie wir lernen, ist nicht einfach zu erforschen, da jeder Mensch über eine individuelle Auffassungsgabe und Lernfähigkeit verfügt. Intelligenz, Speicherfähigkeit, Wahrnehmungsausprägung und eingesetzte Lernmethoden sind nur einige Einflussfaktoren.

Lernen wird in der Psychologie als Prozess beschrieben, der in einer relativ konstanten Änderung des Verhaltens oder des Verhaltenspotenzials resultiert und auf Erfahrungen basiert. Offensichtliches Lernen hat stattgefunden, wenn wir in der Lage sind Ergebnisse vorzuweisen, zum Beispiel dass wir Auto fahren können. Wir lernen aber auch Dinge, die sich nicht zwingend in sichtbaren Ergebnissen oder Leistungen zeigen: zum Beispiel Wissen über Philosophie, das wir nicht unbedingt im Alltag einsetzen. Wir haben Verhaltenspotenzial ohne eine konkrete Anwendbarkeit erworben.

Aber wie können wir etwas Gelerntes immer wieder für uns nutzbar machen? Die Gehirnforschung unterscheidet dabei zwischen dem Kurzzeitgedächtnis und dem Langzeitgedächtnis. Das Kurzzeitgedächtnis wird auch als Arbeitsgedächtnis bezeichnet und ist sehr beschränkt in seiner Speicherfähigkeit. Es hält Informationen nur so lange fest, wie man sich darauf gedanklich konzentriert. Das Langzeitgedächtnis können wir uns wie eine Lagerhalle vorstellen, in der alle Erfahrungen, Ereignisse, Informationen, Emotionen, Fertigkeiten, Wörter, Kategorien, Regeln und Beurteilungen gelagert werden.

Um den gesamten Speichervorgang zu veranschaulichen, können wir ihn mit dem traditionellen Herstellen eines Fotos vergleichen. Die Kurzzeitspeicherung können wir mit dem Entwickeln eines Fotonegatives vergleichen. Nehmen wir das Negativ aus dem Entwickler und halten es ins Licht, ohne es zu fixieren, wird es schwarz und wir können nichts mehr von der Aufnahme erkennen. Sie ist unwiederbringlich verloren. Fixieren wir es jedoch anschließend und machen im zweiten Schritt einen Abzug vom Negativ, dann wäre das Foto, das nichts anderes als eine Erinnerung ist, vor dem Vergessen bewahrt. Dieses sicher gespeicherte Bild kann also jederzeit wieder reproduziert werden. Photoprofiling funktioniert genau nach diesem Prinzip und lässt den Nutzer durch das Erschaffen von eigenen prägnanten Bildern und das Reflektieren dieser Bilder das Gelernte im Langzeitgedächtnis verankern.

1.5 Systemisches Coaching

Ich verfolge nicht das Ziel, hier den systemischen Coachingansatz umfassend darzustellen. Wesentlich für meine Arbeit im Photoprofiling sind die systemische Haltung und Sicht sowie verschiedene Fragetechniken.

1.5.1 Haltung

Wir können uns zwischen zwei Arten die Welt zu sehen entscheiden. Heinz von Foerster und Monika Bröcker (2007) unterscheiden die „Gucklochhaltung" und im Gegensatz dazu die „Teil-der-Welt-Haltung". Bei der „Gucklochhaltung" stehen wir wie vor einer geschlossenen Tür und schauen durch das Guckloch auf die Welt. Was dahinter passiert, hat nichts mit uns zu tun. Wir nehmen nicht aktiv am Geschehen teil und können es daher auch nicht beeinflussen.

Die systemische Haltung entspricht der „Teil-der-Welt-Haltung" und basiert auf der Grundannahme, dass wir ein Teil des sozialen Systems sind. Indem wir handeln, beeinflussen wir stets das gesamte System. Wir gehen also bewusst aktiv durch die Tür und gestalten mit, was dahinter passiert.

Im systemischen Coaching gehen wir davon aus, dass das Verhalten eines Menschen immer einen Sinn ergibt und als Kommunikationsangebot an seine Umwelt gerichtet ist. Wird ein Mensch zum Problem für seine Umwelt, dann sprechen wir vom Symptomträger oder identifiziertem Patienten (IP). Der so genannte Symptomträger erfüllt immer eine Funktion für das gesamte System und wird oft auch in seiner Rolle als Störenfried oder Problemverursacher bestärkt, um das Gleichgewicht des Systems zu erhalten.

1.5.2 Sicht

Die systemische Sicht bedeutet, dass der Coach seinen Auftraggeber als den besten Experten für sich selbst und seine eigene Lebenssituation sieht. Dies ist die Grundlage für eine ressourcenorientierte Haltung, die davon ausgeht, dass die Lösungen für Probleme hauptsächlich aus dem Klienten selbst kommen. Das bedeutet wiederum, dass es im systemischen Coaching immer um individuelle, maßgeschneiderte Lösungswege geht. Es ist keine Beratung im Sinne von „Ratschläge erteilen", sondern ein gemeinsamer Prozess zwischen Coach und Auftraggeber. Der Coach übernimmt die Verantwortung für die Gestaltung des Coachingvorgehens und der Klient die Verantwortung für die Inhalte. Oft sind Klienten von der beschriebenen Arbeitsweise zunächst irritiert und erwarten von mir als Coach, dass ich ihnen einfache Rezepte gebe, damit sie schnell zu ihren Lösungen kommen.

Problematisch wird es, wenn die Klienten erwarten, dass ich ihnen möglichst schnell aufzeige, wie sie andere Personen dazu bewegen können, so zu handeln, wie meine Klienten es sich vorstellen. Selbst wenn es solche Rezepte gäbe, welche Auswirkungen hätte es wohl mittel- bis langfristig, wenn eine Person zum Beispiel im Team oder als Führungskraft nur das durchsetzt, was sie allein für richtig hält? Probleme sind dann vorprogrammiert.

Als systemischer Coach kann ich daher keine einfachen Rezepturen geben, sondern zeige dem Klienten auf, wohin derartige Wünsche führen bzw. führen könnten. Meine systemische Sicht berücksichtigt also neben meinem Auftraggeber und seiner bisherigen Entwicklung auch seine Umwelt, zum Beispiel Kollegen, Vorgesetzte, Mitarbeiter, Kunden, Familie, Freundeskreis. Jedes System entzieht sich durch seine Komplexität einer direkten Kontrollierbarkeit. Dies ist eine bittere Erkenntnis für manche Klienten.

Als Coach bin ich mir bewusst, dass ein bestimmtes Ergebnis meiner Beratung nicht garantiert werden kann. Es geht also immer um Abklärung und Aufzeigen von Möglichkeiten und Grenzen. Der Klient bekommt durch das Coaching mehr Bewusstsein für seine individuellen Einflussmöglichkeiten und kann somit seine Situation eigenverantwortlich positiv beeinflussen.

1.5.3 Fragetechniken

Eine effektive Methode im systemischen Coaching ist das zirkuläre Fragen. Zirkularität heißt Kreisförmigkeit. Man denkt zirkulär, indem man das Verhalten von Menschen als Teil eines Regelkreises versteht, dessen Verhalten in einen Kreislaufprozess eingebunden ist. Das Gegenteil ist das lineare Denken und Handeln, das impliziert, dass es keine Ursache und Wirkung gibt.

Die folgenden Beispiele sollen verdeutlichen, dass es beim zirkulären Fragen immer um den Befragten im Kontext seiner Umwelt geht.

„Was glauben Sie, würde Ihre Sekretärin dazu sagen, wenn ich sie fragen würde, wie es Ihnen zurzeit geht?"

„Welche Antworten würden Ihre Mitarbeiter auf die Frage geben, wie Sie als Vorgesetzter auf sie wirken?"

Systemische Fragen sollten immer offene Fragen sein. Wie, was, wann, wer, womit? Wann können Sie den nächsten Schritt gehen? Was brauchen Sie für Voraussetzungen, um Ihre Ziele zu erreichen?

Weitere Fragetypen, die sich im systemischen Coaching sehr bewährt haben, sind Klassifikationsfragen, Prozentfragen, Übereinstimmungsfragen und Vergleichsfragen, Als-Ob- Fragen, Kosten-Nutzen-Fragen, Zukunftsfragen, Verschlimmerungs- und Verbesserungsfragen, Wunderfragen.

Im Gegensatz dazu stehen rhetorische Fragen, wie zum Beispiel: Sie haben doch sicherlich nichts dagegen, wenn Ihre Mitarbeiter Ihnen gegenüber Kritik äußern? Diese Frageform gibt schon die Antwort vor und hat die Absicht, den Befragten dahingehend zu manipulieren, die gewünschte Antwort zu geben (vgl. Patrzek 2010).

Sie erkennen, dass anhand der vielen differenzierten, systemischen Fragestellungen der Klient selbst dazu befähigt wird, sich Antworten zu geben, die ihn zu den Lösungen für seine Fragestellungen führen werden.

BEISPIEL

Herr K. wurde von außen als neuer Geschäftsführer vom Unternehmen eingekauft. Von Beginn an wurde er von den Mitarbeitern nicht akzeptiert, obwohl er über die erforderlichen Kompetenzen verfügte. Er gab sich große Mühe, auf die Bedürfnisse der Mitarbeiter einzugehen, und wurde trotzdem ausgegrenzt und nicht respektiert. Nach und nach vermied er die Kommunikation mit den Mitarbeitern, so dass sich die Kluft immer mehr verstärkte. Er wurde immer ratloser und frustrierter und begann an seinen Kompetenzen zu zweifeln. Dies war der Grund, ein Photoprofiling in Anspruch zu nehmen. In einer ausführlichen Analyse stellte sich Folgendes heraus:

Der vorige Geschäftsführer war zehn Jahre in seiner Funktion. Er war sehr beliebt und verstarb plötzlich mit 52 Jahren an einem Herzinfarkt. Die Trauerarbeit seiner Mitarbeiter war noch nicht durchgestanden.

Die Geschäftsführerposition war erst nach etwa einem Jahr neu besetzt worden. Bis dahin hatte ein Mitarbeiter sehr kompetent und engagiert die Aufgaben der Geschäftsführung kommissarisch übernommen. Der neue Geschäftsführer war aus der Sicht des Teams überflüssig geworden.

Herr K. wurde von der Geschäftsleitung über die Umstände unzureichend informiert.

Die Funktion von Herrn K. für das Team war, sich nicht der Trauer und den eigenen Ängsten stellen zu müssen. Sie konnten sich durch den „Eindringling" als Team noch mehr festigen und bestätigen. Dadurch dass der Platz des Geschäftsführers noch durch den Verstorbenen besetzt war, konnte eine fremde Person nicht integriert werden.

Und umgekehrt: Die Funktion des Teams für Herrn K. war, sich nicht mit den eigenen Unsicherheiten als neuer Geschäftsführer und mit seinem negativen Selbstbild auseinandersetzen zu müssen. Er konnte das „Nicht-Funktionieren" der Kommunikation auf das Team schieben. Er erkannte im Coaching, dass es ihm immer schon schwer fiel auf andere zuzugehen. Auch seine sehr selbstkritische Haltung wurde sichtbar. Er war gefordert, an seinem Selbstbild und seiner Kommunikationsfähigkeit zu arbeiten.

Herr K. setzte nach der Klärung im Einzelcoaching eine Mediation (systemische Konfliktberatung) im Team ein, um die Konflikte zwischen ihm und dem Team zu bearbeiten. Nach einem längeren Prozess konnten die Fronten aufgeweicht werden und tragfähige Lösungen für Herrn K. und sein Team erarbeitet werden. Mein Klient ließ sich während der Mediationsphase weiter im Einzelcoaching begleiten, um seine Kommunikationsfähigkeit und seine Innen- und Außenwirkung zu verbessern.

1.6 Fotografie als Medium zur Selbstreflexion

Wenn wir uns in einem Spiegel betrachten, erfahren wir sehr viel darüber, wie wir uns bewerten. Das Gleiche passiert bei der Betrachtung einer fotografischen Abbildung unserer Person. Sind wir sehr kritisch mit uns, fokussieren wir uns auf das, was uns nicht an uns gefällt. Sehen wir uns positiv, so betrachten wir uns wohlwollend und sehen das Vorteilhafte. Wie ich schon in vorangegangenen Kapiteln erläutert habe, hängt es sehr von unserer subjektiven Wahrnehmung ab, wie wir uns und unsere Umwelt betrachten. Fotos können also wie ein Spiegel ein Mittel zur Selbstreflexion sein.

In diesem Kapitel geht es nicht nur um die Wirkung der Fotografie im Coaching, sondern auch um die Wirkung von Bildern auf unser Denken, Fühlen und Handeln. Weiter möchte ich aufzeigen, wie wir das Medium Fotografie für unsere Persönlichkeitsentwicklung sinnvoll und effektiv einsetzen können.

Der Spiegel ist nach dem bekannten Psychoanalytiker Jacques Lacan (vgl. Akashe-Böhme 1992) das Medium, mit dem sich das Kind schon im Alter von sechs Monaten als imaginäre Einheit wahrnehmen kann. Der Augenblick des Erkennens löst im Kind, so Lacan, jubilatorische Gefühle aus. In Anlehnung an die Sage des Narzissos, der sich in sein eigenes Spiegelbild verliebte, nannte Freud den Vorgang oder Zustand Narzissmus. Von Beginn der Psychoanalyse bis heute hat er verschiedene Bewertungen erfahren. Während Selbstbezogenheit sich einerseits im extremsten Fall bis hin zum autistischen, selbstzerstörerischen Verhalten entwickeln kann, wird es andererseits als notwendiges und heilsames Verhalten bewertet. Ein Selbstwertgefühl und die Fähigkeit zur Selbstreflexion können sich nur durch regelmäßigen, phasenweisen Rückzug auf sich selbst entwickeln. Narzissmus ist also notwendig für unsere Identitätsentwicklung. Es ist unser Grundbedürfnis zu erfahren, wie wir „ticken". Es wäre geradezu merkwürdig, würden wir uns für die Person, mit der wir unser gesamtes Leben verbringen (müssen), nämlich mit uns selbst, nicht interessieren! Die Fotografie bietet uns eine wunderbare Möglichkeit, uns mit unseren Spiegelbildern aus selbst gewählter Distanz auseinanderzusetzen.

Bekannte Fotografen wie Anselm Kiefer oder Cindy Sherman haben die Fotografie schon in den 1960er und 1980er Jahren zur Selbsterfahrung und Selbstreflexion genutzt. Das Künstlerpaar Ulay und Marina Abramovic nutzten die Fotografie zur Selbstdarstellung und als Medium zur Selbstidentifikation mit therapeutischem Effekt. In ihrer Darstellung der verschiedenen Persönlichkeitsfacetten und im Nutzen verschiedener Perspektiven aus der fotografischen Außensicht bekamen sie Aufschluss über ihre Innen- und Außenwirkung sowie ihr emotionales Befinden.

Betrachten wir die 150-jährige Entwicklung der Fotografie bis heute, ist festzustellen, dass uns dieses Medium sehr vertraut geworden ist. Hat die Fotografie zuerst die Funktion der Malerei als Informationsträger für einen kleinen Kreis der Bevölkerung ersetzt, so ist sie heute ein Medium der „breiten Masse" geworden. Es gibt wohl kaum noch jemand, der keine Fotos von sich besitzt und nicht selbst einmal auf den Auslöser gedrückt hat.

1.6.1 Magie der Fotografie

Dem fotografischen Porträt eines Menschen wird schon seit Beginn der Fotografie magische Wirkung zugeschrieben. In manchen Kulturen wird es sogar als unheilvoll bezeichnet. In China glauben noch viele Menschen, dass ihnen mit dem Fotografiertwerden die Seele geraubt werden kann. Andere glauben wiederum, dass es eine heilsame Wirkung auf Menschen hat. Fotografie wird in Amerika als therapeutisches Medium in der Arbeit mit Essgestörten und Schizophrenen eingesetzt, um das gestörte Körperbild zu korrigieren. Es gibt viele Mythen, die belegen, welche große Faszination von diesem Medium ausgeht. Fotos dienten schon immer dem Zweck, dass Bedürfnis nach Selbsterforschung und Selbsterkennen zu stillen.

Vielleicht sind auch Sie dem Medium Fotografie verfallen? Haben Sie eine Idee, was Sie so fasziniert? Warum wollen Sie Augenblicke Ihres Lebens festhalten? Was empfinden Sie, wenn Sie sich auf einem Foto betrachten?

Seit der Geburtsstunde der Fotografie war die Abbildung von Menschen ein wesentliches Ziel. Schätzungen zufolge wurden schon 1850 in Amerika acht bis zwölf Millionen Dollar für Fotos ausgegeben. 95 Prozent dieser Summe wurde für Porträts investiert. Heute geben wir ein Vielfaches davon für Porträtaufnahmen aus. Das lässt den Schluss zu, dass jeder Mensch ein Bedürfnis nach Selbstdarstellung und Verewigung der eigenen Person hat. Die Möglichkeit, sich von außen betrachten zu können, ist sicherlich auch ein wesentlicher Faktor.

1.6.2 Fotografie im Coaching

Seit zehn Jahren setze ich die Fotografie in Beratung und Coaching ein. Ich nutze das Medium zur Visualisierung, Dokumentation, Reflexion und Außendarstellung meiner Klienten. Das Medium dient in Kombination mit bewährten psychotherapeutischen und systemischen Methoden als Katalysator für Persönlichkeitsentwicklung. Die positiven Feedbacks meiner Klienten ermutigen mich, immer neue Möglichkeiten für den Einsatz des Mediums zu entwickeln. Jeder von uns ist einzigartig und reagiert unterschiedlich auf die Abbildung der eigenen Persönlichkeit. Fotografie eröffnet uns eine Außensicht, die wir nur sehr selten im Alltag bekommen. Daher sind wir auf Rückmeldungen unserer Umwelt angewiesen, um die Bilder von uns selbst auszudifferenzieren.

Wichtig ist, sich bewusst zu machen, dass andere uns immer nur subjektiv auf ihrem Hintergrund wahrnehmen können. Fragen wir zehn Personen, wie sie uns als Person erleben, so bekommen wir zehn verschiedene Wahrnehmungen präsentiert. Dies hilft uns nicht unbedingt weiter, Klarheit über uns selbst zu bekommen, auch wenn es aufschlussreich ist, wie wir auf verschiedene Personen wirken können. Sie kennen vielleicht auch aus dem eigenen Erleben, dass Sie bei manchen Feedbacks von anderen erstaunt und irritiert sind, egal ob sie positiv oder negativ gemeint sind. Daher ist es wesentlich, sich mit der eigenen Außenwirkung auf sich selbst zu beschäftigen, und noch wichtiger ist, sich selbst in seinem ganzen Facettenreichtum kennen zu lernen.

Dies ist eine der wichtigsten Erkenntnisse aus meiner Beratungsarbeit. Vor allem, da ich die Erfahrung gemacht habe, dass manche Klienten trotz großer Motivation und vieler Kompetenzen keine Veränderung in ihrem Selbstkonzept und ihrer Situation erreichen können. Die Ursache ist oft, dass diese Personen sich selbst und ihre Bedürfnisse nicht kennen. Ihre Selbstwahrnehmung ist statisch und negativ. Durch die Außenperspektive der Fotografie bekommen sie neue Sichten auf die eigene Person. Durch neue, ungewohnte Perspektiven wird es ihnen schließlich möglich, sich besser kennen zu lernen, Selbstreflexion zu üben und positive Veränderungen im Selbstkonzept zu bewirken. Und dies mündet dann in der gewünschten Verhaltens- und Situationsveränderung.

Neben der Fotografie gibt es viele Visualisierungsmedien zur Reflexion. Ich habe mich für Fotografie entschieden, weil sie es besonders gut ermöglicht, sich zu fokussieren und neue Blicke auf sich selbst zu gewinnen.

_ Fotografie ist unretuschiert ein realitätsnahes Medium.

_ Fotografie ermöglicht uns ungewohnte Außenperspektiven.

_ Fotografie ist eine Reduzierung unserer Wirklichkeit. Der bewusste Einsatz bietet uns die Möglichkeit, uns auf selbst gewählte Aspekte und Perspektiven zu fokussieren. z. B. Selbstbild, Körpersprache, Ausdruck.

_ Fotos visualisieren Facetten unserer Persönlichkeit. Wir erfahren unsere Einzigartigkeit und Vielfalt.

_ Fotos laden zu einer vertieften Auseinandersetzung mit Teilaspekten unserer Persönlichkeit ein.

_ Fotos können wir in Händen halten, beliebig lange betrachten und darüber reflektieren. Dadurch erschließen sich uns Details, die wir sonst nicht wahrnehmen können.

_ Fotos berühren uns und erzeugen Emotionen.

_ Fotos bieten kreative Gestaltungsmöglichkeiten. Wir können Bilder schaffen, die unser Wünsche und Sehnsüchte visualisieren. So entstehen Motivations- und Leitbilder.

_ Fotografie kann unsere positive Selbstwahrnehmung fördern.

_ Fotos helfen uns, Wichtiges zu erinnern.

Mir geht es im Photoprofiling nicht um die künstlerischen Gestaltungs- und kommerziellen Nutzungsmöglichkeiten der Fotografie, sondern um möglichst realitätsnahe Abbildungen und Dokumentationen von Persönlichkeiten und Entwicklungsprozesse der Klienten. Trotz des Einsatzes der digitalen Fotografie werden beim Photoprofiling die Bilder nicht retuschiert. Das muss der Klient wissen und wollen. Trotzdem ist eine gewisse „Manipulation" immer gegeben. Schon die gezielte, vorteilhafte Licht- und Hintergrundgestaltung nimmt Einfluss auf die Aufnahmesituation. Dies halte ich für zulässig und sogar für sinnvoll. So kann der Klient sehen und erleben, welche Wirkung die bewusste Gestaltung auf seine Persönlichkeitsentwicklung und seine Präsentation nehmen kann.

Wie in jedem Coaching nimmt der subjektive Blick des Coachs Einfluss auf die Klienten. Er ist wohlwollend, wertschätzend und konzentriert auf das Positive. Das ist eine wichtige Voraussetzung für einen vertrauensvollen und wahrhaftigen Berater-Klienten-Kontakt. Es unterstützt meine Klienten, sich wohl zu fühlen und in einer entspannten, vertrauensvollen Atmosphäre ihre Stärken selbstbewusst zu präsentieren. Mir als Coach ermöglicht es, mit Fotos die positiven Facetten meines Gegenübers in Bildern festzuhalten.

Daher geht es mir bei der Vermittlung meines Konzepts insbesondere um den bewussten, sorgfältigen und verantwortungsvollen Einsatz des Mediums Fotografie im Coaching. Denn Fotografie ist ein sehr wirkungsvolles Medium, dass uns sehr stark auf der emotionalen Ebene berühren kann. Menschen mit einem negativen Selbstbild und einem geringen Selbstwertgefühl können durch die Außenperspektive der Fotografie irritiert und verunsichert werden. Der Coach muss sich über die Wirkkraft des Photoprofilings im Klaren sein und damit achtsam und kompetent umgehen können. Denn gerade wenn die Selbstwahrnehmung des Klienten sehr selbstkritisch und wenig wohlwollend ist, bietet das Photoprofiling eine gute Möglichkeit der Auseinandersetzung und Veränderung zum Positiven. Was der Klient aus dem Coaching mitnehmen kann, ist Klarheit über seine Zielsetzungen und eine Differenzierung seines Persönlichkeitsprofils, die Öffnung seiner positiven Selbstwahrnehmung und das Bewusstsein für die eigenen Stärken.

In den vorherigen Kapiteln konnten Sie die Grundlagen von Photo-profiling kennenlernen. Ich werde Ihnen in den nächsten Kapiteln die Schwerpunkte aufzeigen sowie anhand von Methoden und Beispielen darlegen, wie Fotografie im Coaching durch einen gezielten und bewuss-ten Einsatz zu einem positiv wirkenden, nachhaltigen Medium wird. Der Einsatz birgt jedoch auch Gefahren, die ich Ihnen nicht vorenthalten will. Ein Beispiel aus der Anfangszeit meiner Photoprofiling-Praxis kann das verdeutlichen.

BEISPIEL

Meine Klientin Frau W. hatte eine schwierige familiäre und berufliche Situation. Durch ihre langjährige berufliche Auszeit, bedingt durch eine Erziehungspause für ihre drei Kinder, wollte sie für sich klären, ob sie zu ihrem alten Arbeitsplatz zurückkehren oder in eine Selbstständigkeit als Yogalehrerin wechseln sollte. Ihre Beziehung zum Ehemann steckte in einer Krise. Ihre Coachingziele: Klärung von beruflichen Zielen. Frau W. stand unter Druck möglichst schnell eine Entscheidung zu treffen, da sie sich von ihrem Mann trennen wollte. Schon nach drei Stunden wurde klar, dass die Entwicklung nicht nach Wunsch verlief. Die erste Konfron-tation mit fotografischen Selbstbildern bestärkte Frau W. in ihrer negativen Selbstwahrnehmung. Meine Klientin kritisierte mein Vorgehen. Sie brach das Coaching ab. Meine Bemühungen, mit ihr Kontakt aufzunehmen, blockte sie ab, so dass eine weitere Klärung und Zusammenarbeit nicht mehr möglich war. In der Reflexion wurde mir klar, dass meine Klientin zu Recht mein Vorgehen kritisierte. Meine Zielklärung war nicht sorgfältig genug und die Konfrontation mit der Au-ßenwahrnehmung der Fotos zu schnell. Für das weitere Vorgehen im Photoprofi-ling zog ich folgendes Resümee: Wichtig ist eine sorgfältige Auftrags-Zielklärung, eine umfassende Situations- und Persönlichkeitsanalyse. Aufgrund der Erfahrung mit Frau W. setze ich Fotografie im Coaching noch sensibler und sorgfältiger ein.

Ein positives Beispiel soll verdeutlichen, was das Medium im geglückten Falle bewirken kann.

BEISPIEL

Herr O. ist Kommunalpolitiker und mochte sich noch nie auf Fotos leiden. Auf-grund seiner politischen Tätigkeit musste er sich immer wieder einer Kamera stellen. Für ihn ein Graus. Sein Coachingauftrag: Ein souveränes, authentisches Auftreten und Verbesserung der Außenwirkung.

In der Ziel-, Potenzial- und Stärkenanalyse arbeiteten wir heraus, dass Herr O. ein negatives Selbstbild und Unsicherheiten in der Selbstpräsentation hatte. Wir analysierten zunächst veröffentlichte Fotos, die im Rahmen seines politischen Amtes entstanden waren. Danach begleitete ich Herrn O. zu einigen öffentlichen Auftritten und dokumentierte diese mit Fotos. Es wurden einige Faktoren deutlich, die die Außenwirkung von Herr O. negativ beeinflussten. Herr O. überspielte seine Unsicherheit oft mit zu viel Reden und einem einstudierten, übertriebenen Lächeln. Hinzu kamen unvorteilhafte visuelle Faktoren wie: fahrige Körpersprache, ungünstiger Haarschnitt, altmodische Brille und ein unvorteilhafter Kleidungsstil. Diesbezüglich empfahl ich ihm eine Stilberatung bei einer Kooperationspartnerin. Durch diese ergänzende Beratung konnten die visuellen Stärken von Herr O. herausgearbeitet werden. Ergebnis war ein neuer Haarschnitt, eine neue Brille und etwas frischere Anzugfarben und Krawatten. Unsere Arbeit konzentrierte sich auf die Entwicklung der positiven Selbstwahrnehmung und dem bewussten Einsatz der Körpersprache. Mit Spiegelübungen wurde die Arbeit mit der Kamera vorbereitet. Weiter gestalteten wir Übungssituationen, in denen sich Herr O. präsentieren konnte. Dies wurde mit der Kamera dokumentiert und im Anschluss daran gemeinsam analysiert. Wir fokussierten uns dabei besonders auf die sichtbaren Stärken. So gewann Herr O. immer mehr Sicherheit in der Selbstpräsentation auch vor der Kamera. Er hat mittlerweile Spaß daran gefunden sich zu präsentieren. Er berichtet, dass er sich auch im Kontakt mit anderen Menschen wohler und sicherer fühlt.

Photoprofiling ist keine Psychotherapie, auch wenn manchmal tief gehende Themen wie zum Beispiel Selbstwertprobleme, Schuldgefühle und Beziehungsprobleme behandelt werden. Es kann jedoch keinen therapeutischen Bedarf bei Störungen und Symptomen mit Krankheitswert decken. Als approbierte Psychotherapeutin kann ich kompetent einschätzen, wann ein Coaching nicht mehr ausreicht. Ein verantwortungsbewusster Coach sollte immer wissen, wo seine Grenzen sind, und den Klienten die erforderliche Hilfestellung empfehlen.

2. Vorgehen und Themenschwerpunkte im Photoprofiling

Mit Photoprofiling können alle Coachingthemen behandelt werden. Im Fokus steht die Persönlichkeit des Klienten. Dies ist aus meiner Erfahrung so wichtig, weil maßgeschneiderte nachhaltige Lösungen nur von dem Klienten selber kommen können. Konzentrieren wir uns zu sehr auf Rollen, Funktionen und Rahmenbedingungen, können wir zwar vielleicht kurzfristig Veränderungen erreichen, aber langfristig werden sie oft durch ungünstige Selbstbilder, Verhaltensmuster und Wertesysteme wieder außer Kraft gesetzt. Fotografie im Coaching ist vielseitig einsetzbar. Sowohl bestehende Fotos als auch neu entstandene Bilder können zur Reflexion der eigenen Persönlichkeit und der Lebensführung genutzt werden. Ich möchte Ihnen nun das Vorgehen im prozessoffenen Photoprofiling verdeutlichen.

PHASE 1   Klärung des Auftrags und der Zielsetzung

PHASE 2   Persönlichkeitsanalyse unter besonderer Berücksichtigung der Stärken und ungenutzten Potenziale

PHASE 3   Visualisierungen des Persönlichkeitsprofils

PHASE 4   Reflexion der Fotos mit selbst gewählten Fokussierungen des Klienten zum Thema: Selbstbilder – Fremdbilder, Persönlichkeitsprofil, Stärken, Ausdruck, Körpersprache, Authentizität, Stil, Ausstrahlung

PHASE 5   Kosten-Nutzen-Analyse von verschiedenen Entscheidungsoptionen

PHASE 6   Planung von konkreten Schritten

PHASE 7   Umsetzung unter Berücksichtigung der Möglichkeiten und Grenzen

Photoprofiling-Prozesse sind ziel- und ergebnisorientiert. Empfehlenswert sind Sitzungen im Abstand von höchstens einer Woche. Der Beratungsprozess sollte immer außerhalb der gewohnten Umgebung des Klienten stattfinden. Das ermöglicht die notwendige Distanz für eine effektive Potenzial- und Veränderungsarbeit.

Klienten, die regelmäßig Präsentationsaufgaben erfüllen müssen, nutzen Photoprofiling für eine gezielte Außendarstellungskampagne. Ziel dieses Coachingprozesses ist eine authentische und überzeugende fotografische Selbstpräsentation zu konzipieren und umzusetzen. Diese Coachings finden in der Regel in Kooperation mit Presseagenturen und Stilberatern statt.

Wer besonders effektiv an Themen und Zielen arbeiten will, kann dies mit Photoprofiling-Intensiv erreichen. Dieses komprimierte Einzelcoachingangebot ist zurzeit einzigartig und bietet dem Klienten ein individuelles Komplettpaket für seine aktuellen Bedürfnisse. Der Klient investiert 1-4 Wochen Zeit und arbeitet in einem intensiven Einzelcoaching 3-5 Stunden täglich an seinen Zielsetzungen. Nach seinen Wünschen bekommt der Auftraggeber zum Ausgleich für das intensive Coaching ein Begleitprogramm mit Fitness-, Wellness- und Kulturangeboten für sein Wohlbefinden. Es ist ein tief gehendes Angebot mit der höchstmöglichen Konzentration auf das Wesentliche.

Viele Auftraggeber nehmen Photoprofiling regelmäßig in gewissen Abständen in Anspruch. So erhalten sie eine Dokumentation ihrer Entwicklung und können durch das beständige Reflektieren der Bilder ihre Lernprozesse wieder aktualisieren. Das schafft Nachhaltigkeit und Wirtschaftlichkeit des investierten Aufwands.

2.1 Klärung von Zielen und Visionen

Das Thema „Ziele und Visionen finden" ist für uns heute zentral. Je komplexer unser Alltag ist, desto schwieriger ist es, den richtigen Weg zu finden. Oft ist das Erarbeiten von Zukunft und Lebenssinn ein Grundstein zur Lösung von Blockaden und Konflikten. Wenn Ziele und Visionen für eine selbst bestimmte Zukunft vorhanden sind, so werden auch viele Ressourcen und Fähigkeiten frei. Das Leben im Hier und Jetzt ist leichter, wenn ich weiß, wonach ich strebe. Unsere Motivation ist mit Zukunftsplanung gekoppelt und dies hilft uns wesentlich Antriebslosigkeit, Ängste und Abhängigkeiten loszulassen. Wenn es möglich ist, einen selbst bestimmten Lebensplan zu entwerfen und Klarheit in den möglichen Zielen zu finden, so macht Leben Spaß, denn die klar geplante Zukunft ist ein wichtiger Treiber für das Erreichen der gewünschten Lebensqualität. Ein Lebensplan zu erstellen ist eine Arbeit, die sich lohnt, ganz gleich in welchem Alter und in welcher privaten oder beruflichen Situation Sie sich befinden. Zukunftsplanung erlaubt Ihnen, das Jetzt intensiver zu genießen und Vergangenes abzuschließen. Jemand der weiß, wohin er will, kann gelassener den Moment leben. Besonders in der Zielklärung hat sich die Visualisierung mit Fotos sehr bewährt. Es ermöglicht eine Verankerung im Langzeitgedächtnis. So bleibt das Ziel immer präsent und bringt den Klienten dazu, an der Verfolgung seiner Ziele konstant und konsequent zu arbeiten.

2.2 Motivation

Nach den verschieden Motivationstheorien liegt es in der Natur des Menschen, Vergnügen oder Lust anzustreben und Unlust oder Schmerz zu vermeiden. Viele Menschen haben jedoch verlernt, ihren natürlichen Instinkten zu folgen. Seit über 50 Jahren gibt es die Motivationsforschung, doch ein einheitliches Ergebnis, welches das menschliche Verhalten erklären kann, gibt es nicht. Alle Theorien gehen aber davon aus, dass Motivation durch Bedürfnisse ausgelöst und gesteuert wird. Die Bedürfnispyramide von Abraham Maslow stellt wohl die bekannteste Klassifizierung von Bedürfnissen dar. Die erste Stufe der Pyramide symbolisiert unsere physiologischen Grundbedürfnisse, die zweite Stufe unser Sicherheitsbedürfnis, die dritte Stufe das Bedürfnis nach sozialen Kontakten, die vierte Stufe das Bedürfnis nach Selbstachtung und Anerkennung und die fünfte und letzte Stufe das Bedürfnis nach Selbstverwirklichung. Eine Erkenntnis der Forschung ist, dass Menschen mit überdurchschnittlichen Selbstregulierungs- oder Umsetzungskompetenzen weniger unter Stress leiden, ein höheres Selbstvertrauen besitzen und seltener von Essstörungen oder überhöhtem Alkohol- und Drogenkonsum betroffen sind; ihre persönlichen Beziehungen sind besser, und sie sind auch beruflich erfolgreicher.

Ab den 1970er Jahren beschäftigten sich verschiedene psychologische Forschungsgruppen unter Leitung der Galionsfiguren Frederick Herzberg, Albert Badura und Daniel Katz mit dem Thema Motivation. Auf der Grundlage dieser Ergebnisse unterscheiden die Wissenschaftler John Barbuto und Richard Scholl fünf Motivationstypen:

Intrinsische Prozessmotivation besteht darin, dass jemand eine Aufgabe um ihrer selbst Willen bewältigt. Einfach weil es Spaß macht. Er denkt gar nicht lange darüber nach, warum er etwas macht und welche Vorteile oder Belohnungen er dafür bekommt.

Internes Selbstverständnis beschreibt die Orientierung des Verhaltens und der Werte an internen Standards und Maßstäben. Dieser Motivationstyp hat, meistens aus nicht mehr nachvollziehbaren oder unbewussten Gründen, eine Idealvorstellung als Leitlinie seines Handelns verinnerlicht. Bei dieser Quelle der Motivation ist das Leistungsmotiv besonders stark angeregt.

Instrumentelle Motivation beschreibt das Verhalten von Menschen, die im Wesentlichen geleitet von der Aussicht auf konkrete Vorteile oder Belohnungen von außen sind. Diese Quelle der Motivation hat einen starken Bezug zum Machtmotiv.

Externes Selbstverständnis bedeutet, dass die Quelle des Selbstverständnisses und die Idealvorstellung in diesem Falle primär aus der Rolle und den Erwartungen des Umfeldes kommen. Zu dieser Quelle der Motivation gehört das Zugehörigkeitsmotiv.

Internalisierung von Zielen findet bei Personen statt, die sich Ziele von Organisation oder des Unternehmens zu eigen machen. Hier ist eine Kombination aus Zugehörigkeits- und Leistungsmotiven im Spiel.

Deutlich wird, dass es sehr unterschiedliche Quellen für Motivation gibt. Wichtig ist also herauszufinden, welchem Typus man entspricht, um die Motivation bewusst und gezielt zu fördern. Es hat sich erwiesen, dass intrinsische Motivation tragfähiger und dauerhafter ist als extrinsische. Man muss also versuchen, sich selbst – von innen heraus – so effektiv wie möglich zu motivieren. Erste Voraussetzung dafür ist, dass man einen Sinn in seinem Tun erkennt.

Zusammengefasst sind also die wichtigsten Regeln für erfolgreiche Motivation

_ Erkennen Sie den Sinn des zu lernenden Stoffs!

_ Machen Sie sich Ihre Ziele klar und behalten Sie diese im Auge!

_ Teilen Sie Ihre Hauptziele in mehrere kleine, konkrete Zwischenziele ein!

_ Führen Sie sich Ihre Teilerfolge vor Augen, und nehmen Sie sich Zeit, sich darüber zu freuen!

_ Versuchen Sie möglichst viele verschiedene Motive zur Verstärkung der Motivation einzusetzen!

_ Nutzen Sie Anreize zur Motivationsverstärkung!

_ Meiden Sie Motivationsstörungen!

Eine bewährte Motivationshilfe ist die Selbstbestärkung – eine effektive Methode, sich auf bevorstehende Herausforderung positiv einzustimmen. Schreiben Sie Ihre Leitsprüche und Motivationssätze auf. Die folgenden Leitsprüche und Motivationssätze sollen Ihnen als Anregung dienen. Auch das Tool Motivationsbilder können Sie dafür nutzen.

_ „Ich bin wertvoll, einzigartig, vielfältig und schön "

_ „Ich bin eine wertvolle Person"

_ „Ich liebe mich, wie ich bin"

_ „Es ist immer Licht am Ende des Tunnels"

_ „Das Leben ist schön"

_ „Ich bin, wie ich bin, und das ist gut so"

_ „Mein Potenzial ist unerschöpflich"

_ „Ich gebe niemals auf"

- „Ich schaffe alles, was ich will"

- „Ich habe viel Kraft und Energie"

- „Ich bin ein Geschenk für die Welt"

- „Ich glaube an die Macht der Gedanken"

- „Ohne Fleiß kein Preis"

- „Alles ist möglich"

- „Alles kommt so, wie es kommen soll"

- „Think big"

- „Yes, we can"

2.3 Persönliche Weiterentwicklung

Wer bin ich? Was sind meine Stärken und ungenutzten Potenziale? Was will ich wirklich? Dies sind zentrale Fragestellungen im Photoprofiling. Meine Klienten sind zu 60 Prozent weiblich und zu 40 Prozent männlich. Fällt es Frauen leichter Coaching in Anspruch zu nehmen als Männern? Sind Frauen mehr an ihrer Persönlichkeitsentwicklung interessiert? Nein, nur anders. Sie haben unterschiedliche Themenschwerpunkte. Ein Unterschied, den ich in den vielen Jahren meiner Beratungsarbeit mit beiden Geschlechtern feststellen konnte, ist, dass Frauen Familie und Beruf als Thema im Coaching verknüpfen, während Männer sich gerne auf berufliche Themen fokussieren. Beiden Geschlechtern geht es gleichermaßen um ihre persönliche und berufliche Weiterentwicklung.

Was ist denn eigentlich persönliche Weiterentwicklung? Diese Frage kann man natürlich nicht so einfach beantworten. Es gibt unzählige Möglichkeiten und jede für sich kann für den Einzelnen richtig oder falsch sein. An Ratgebern und scheinbar Wissenden mangelt es ebenfalls nicht, und man hat manchmal den Eindruck, links und rechts gleichzeitig laufen zu müssen, um ganz sicher zum Glück und Erfolg zu kommen. Wohin will man sich überhaupt weiterentwickeln? Welche Bereiche sind dabei zu berücksichtigen? Reichtum? Gesundheit? Spiritualität? Wissen? Einfluss? Macht? Bestimmung? Liebe? Menschlichkeit? Wohlstand? Hilfsbereitschaft? Oder völlig andere Bereiche, an die wir gerade gar nicht denken? Welche Richtung ist für mich die richtige?

Denn Fortschritt und Entwicklung heißt auch ständige Veränderung. Nichts, was heute als selbstverständlich gilt, muss auch morgen noch gelten. Nichts von dem, was wir heute nicht mal mehr hinterfragen, muss zwangsweise auch morgen noch das Nonplusultra unserer Zeit sein.

Daher kann ich ihnen nur mein ganz persönliches Motto anbieten: „Wer rastet, der rostet". Stillstand ist Gift für Weiterentwicklung von Persönlichkeit. Das bedeutet, dass wir niemals aufhören sollten, unsere Entwicklung wichtig zu nehmen und sie voran zu bringen. Denn unser Selbstwert ist sehr stark davon beeinflusst, ob wir das Empfinden haben, unsere Stärken und Fähigkeiten zu fördern und zu nutzen. Die persönliche Weiterentwicklung kann das größte Glück eines jeden einzelnen Menschen und gleichzeitig die einzige Möglichkeit für den wahren Fortschritt der Menschheit sein.

2.4 Führung

Das Thema Führung geht uns alle an. Ob Frau, Mann, Handwerker, Angestellter, Manager, Hausfrau oder Ehemann. Jede Rolle erfordert ein individuelles Management. Wir alle sind gefordert, einen auf unsere Bedürfnisse zugeschnittenen Führungsstil für unser Leben zu entwickeln. Das ist ein Privileg und eine Bürde zugleich. Denn wir haben die Fähigkeiten dazu nicht in die Wiege gelegt bekommen. Ganz im Gegenteil. Erst übernehmen unsere Eltern für uns die Führung, dann die Schule, dann unser Arbeitgeber, manchmal auch der Partner. Eine Haltung der Eigenverantwortlichkeit zu entwickeln ist daher die größte Herausforderung in unserem Leben. Aber was bedeutet ein selbstverantwortliches Leben zu führen? Ich hoffe, Sie erwarten von mir keine Antwort auf diese Frage. Sie selbst müssen die Motivation aufbringen, sich dieser Frage immer wieder zu stellen und sie Ihr Leben lang immer wieder zu beantworten. Dann haben Sie eine hohe Gewähr dafür, Ihren auf Sie zugeschnittenen Führungsstil zu entwickeln, um Ihr Leben so zu leben, wie es Ihnen wirklich entspricht.

Ich greife nun bewusst die Gruppe der Menschen heraus, die eine hohe Verantwortung für die Gestaltung unserer Wirtschaft und Gesellschaft übernommen haben. Aber auch eine Führungskraft kann nur so gut oder so schlecht sein, wie wir es zulassen. Wir alle tragen die Verantwortung für das, was auf der Welt, in unserem Land, in unserem Unternehmen, in unserem Leben passiert.

Führungskräfte in der Wirtschaft und Politik haben besonders hohe Anforderungen. Sie haben oft unklare Selbstbilder, die auch in ihrer Rolle begründet sind. Oft fehlen Feedbacks von außen und die Zeit, sich mit der eigenen Person zu beschäftigen. Die fehlenden Rückmeldungen resultieren daraus, dass Mitarbeiter oft kein offenes, ehrliches Feedback an ihre Vorgesetzten zu geben wagen, aus Angst vor negativen Konsequenzen. Ich kann Mitarbeiter nur ermutigen, wahrnehmbare Missstände im Führungsverhalten nicht einfach zu ignorieren und zuzulassen, sondern aktiv etwas dagegen zu unternehmen. Auch das bedeutet eigenverantwortliche Lebensführung.

Die Arbeitszeiten von Führungskräften sind oft überdurchschnittlich hoch und gestatten es kaum, neben dem Job noch etwas anderes als den Beruf zu leben. Das hat weitreichende Konsequenzen. Untersuchungen haben ergeben, dass Führungskräfte oft von Herzerkrankungen, Burnout und Depressionen bedroht sind. Unregelmäßige Essenszeiten, wenig Bewegung, der Mangel an warmen emotionalen Kontakten, hoher Leistungsdruck, Schlafstörungen sind nur einige Faktoren, die das Leben von Führungskräften belasten und gefährden. Viele Führungskräfte, die ich berate, befinden sich in verschiedenen Phasen eines Burn-outs. Wichtig ist abzuklären, ob ein Coaching noch ausreicht oder eine ambulante oder sogar stationäre Therapie notwendig ist.

Meine Erfahrung zeigt, dass Selbstbilder von Führungskräften oft negativ sind, auch wenn es nach außen nicht deutlich wird. Viele entwickeln eine perfekte Fassade von Selbstsicherheit. Innerlich sieht es jedoch oft

ganz anders aus. Selbstzweifel, Unzufriedenheit, Überforderung, Verein-
samung sowie Selbstentfremdung sind ein hoher Preis für die Führungs-
position.

Besonders Frauen in Führungspositionen stehen unter enormem Er-
folgsdruck, da sie oft „allein auf weiter Flur" sind und wenig Unterstützung von der Unternehmensleitung bekommen. Sie sind oft trotz hoher
Qualifikation weniger selbstbewusst als ihre männlichen Kollegen.
Daher stehen das Selbstwertgefühl und die Selbstbilder oft im Fokus
unserer Zusammenarbeit. Markant wird der Unterschied, wenn Fami-
lienplanung im Vordergrund steht. Auch heute noch bedeutet das für
viele Frauen eine Entscheidung zwischen Kind oder Karriere. Aber auch
Männern wird es schwer gemacht, ihre Rolle als Partner und Vater fami-
lienfreundlich auszufüllen.

Das Photoprofiling bietet eine hervorragende Möglichkeit sich mit den
eigenen Selbstbildern und der damit verbundenen Außenwirkung auseinanderzusetzen. Durch die Konfrontation mit dem Selbstporträt kann
eine ungünstige Selbsteinschätzung verändert und korrigiert werden.
Weiterhin ist es möglich, eine Annäherung an eine Wunschvorstellung
des Selbstbildes zu bewirken. Lässt der Klient sich auf eine Auseinandersetzung mit der eigenen Persönlichkeit ein, kann er in einen wachstums-
fördernden Prozess eintreten und ihn aktiv und selbstverantwortlich
gestalten. Die nonverbale Ebene der Fotografie öffnet oft die Türen zu
den Emotionen. Befindlichkeiten und Wünsche könne, ohne Worte zum
Ausdruck gebracht werden. Es entsteht eine neue Kommunikationsebe-
ne. Das Visualisieren und Herausarbeiten des Gesamtpotenzials fördert
die positive Selbstwahrnehmung und die Weiterentwicklung. Mit einer
umfassenden Potenzialanalyse kann sich die Führungskraft über ihre
Möglichkeiten und Grenzen bewusst werden.
Eine kurz- mittel- und langfristige Zielklärung ist sehr wichtig, um die
weiteren Schritte sinnvoll und effektiv planen zu können. Private Ziele
sollten unbedingt in die berufliche Zielplanung integriert werden.

BEISPIEL

**Herrn B. wurde mit 46 Jahren nach einigen gescheiterten Paarbeziehungen deut-
lich, dass es für ihn immer schwieriger war, eine Partnerin zu finden. Auch sein
Wunsch nach Kindern konnte so nicht erfüllt werden. Als erfolgreicher Manager**

eines internationalen Unternehmens mit Firmensitzen in der ganzen Welt hatte er in der Regel eine 60-70-Stunden-Woche mit regelmäßigen Auslandsaufenthalten. Diese Arbeitszeiten wurden von den bisherigen Partnerinnen auf Dauer nicht akzeptiert. Er stand nun vor der Entscheidung, seinen Wunsch nach Familie aufzugeben oder seine Arbeitssituation familienfreundlicher zu gestalten. Die Selbstreflexion mit Fotos ermöglichte ihm wieder Kontakt zu seinen Gefühlen und Bedürfnissen herzustellen. In einer Kosten-Nutzen-Analyse und durch die Auseinandersetzung mit seinen langfristigen beruflichen und privaten Zielen, die bis dahin nicht geklärt und formuliert wurden, konnte er eine Entscheidung treffen.

Manche werden jetzt denken: „Das ist mir zu persönlich. Dafür gehe ich nicht in ein Coaching." Das halte ich für eine Fehleinschätzung. Denn wenn es schon so weit gekommen ist, dass Sie sich nur noch in Ihrer Funktion begreifen, dann haben Sie sich wohlmöglich als Gesamtpersönlichkeit aus dem Blick verloren. Ich sehe meine Klienten in erster Linie als Menschen und in zweiter Linie als Führungskraft. Die Funktion ist variabel, der Mensch nicht. Ich habe sehr viel Achtung, Respekt und oft auch Bewunderung für die Leistungen von Managementpersönlichkeiten. Sie sind in der Regel hoch intelligent, anstrengungsbereit und übernehmen viel Verantwortung. Was ich allerdings auch immer wieder feststellen muss, ist, dass die Entfremdung von der eigenen Person oft fatale Folgen, nicht nur für die Führungskraft persönlich, sondern auch für das gesamte Unternehmen hat. Es wirkt sich negativ auf die Kontakte zu Mitarbeitern und Kollegen aus, verhindert positive Kommunikation und ist oft Grundlage für Fehlentscheidungen.

Die meisten Führungskräfte wissen allerdings sehr wohl, welche Verantwortung sie tragen, und bemühen sich sehr engagiert diese wahrzunehmen. Denn es ist wie ein Balanceakt auf einem Hochseil, wo jeder Tritt daneben auch für die Führungskraft fatale Folgen haben kann. Insbesondere bei Unternehmen, die auch ihren Aktionären verpflichtet sind, ist dieser Balanceakt für das Wahrnehmen aller Interessen sehr schwer zu leisten.

Da Führungskräfte in der Regel über gut entwickelte Potenziale verfügen, insbesondere was ihre fachlichen Kompetenzen betrifft, bekommen sie auf der fachlichen Ebene viel Anerkennung und messbare Erfolgsbeweise durch eine hohe finanzielle Vergütung. Vielen genügt das. Daher kommen meistens nur die Führungskräfte zum Coaching, denen dieses nicht ausreicht. Schade! Jede Managementpersönlichkeit kann von einer kompetenten Begleitung für das Klären und Gestalten ihrer Zielsetzungen und zur Erhaltung ihrer Leistungsfähigkeit profitieren. Coaching, wie ich es verstehe, ist nicht nur zur Beseitigung von Defiziten sinnvoll, sondern auch für die eigene Weiterentwicklung.

2.5 Beziehung

In Photoprofiling-Prozessen berühren wir immer auch Beziehungsthemen. In erster Linie geht es dabei um die Beziehung zu sich selbst. Wie bin ich mit mir im Kontakt? Was mag ich, was mag ich nicht an mir? Aber auch Beziehungen zu anderen sind wichtig. Wie sehen mich andere? Was bedeutet meine Veränderung für die Familie? Wie steht die Partnerin/der Partner zur Karriereplanung? Werden die Kinder den bevorstehenden Umzug gut verkraften? Warum kann mein Chef mich nicht leiden? Diese Themen sind aus meiner Erfahrung sehr wichtig, da sie entscheidend die emotionale Befindlichkeit des Klienten beeinflussen. Daher sollten auch Beziehungsthemen genügend Raum im Coachingprozess bekommen. Eine Fallbeschreibung kann die zentrale Bedeutung von Beziehungsthemen aufzeigen:

BEISPIEL

Herr K. war zum Zeitpunkt des Coachings 38 Jahre alt, verheiratet, hatte drei Kinder und war Angestellter im mittleren Management eines internationalen Wirtschaftsunternehmens. Er hatte den Wunsch, sich beruflich zu verändern. Es war sein zweiter Arbeitsplatz nach dem Studium als Diplom-Ingenieur. Seit zwei Jahren hatte er keine Karriereschritte mehr gemacht. Zufriedenheit und Motivation wurden zunehmend geringer. Er stand vor der Entscheidung, das Gespräch mit seinen Vorgesetzten zu suchen, um zu klären, inwieweit weitere Entwicklungsmöglichkeiten in seinem Unternehmen bestehen, oder sich einen neuen Arbeitsplatz zu suchen. Das Gespräch mit dem Vorgesetzten schob er schon seit Wochen vor sich her.

PHASE 1

Herr K. will eine Kosten-Nutzen-Analyse der beiden Entscheidungsoptionen für seine berufliche Karriere und die Auswirkungen auf die familiäre Situation. Er will weiter herausfinden, was ihn daran hindert, die klärenden Schritte zu gehen.

Herr K. will weiter mehr Bewusstsein für seine Stärken erlangen. Er hat den Eindruck, dass seine Unentschlossenheit mit dem eigenen negativen Selbstbild zusammenhängt. Er traut sich einen Arbeitsplatzwechsel nicht zu und sieht wenig Chancen für eine Verbesserung. Er fürchtet, bereits zu alt zu sein. Er fühlt sich vom Vorgesetzten nicht wertgeschätzt und unterstützt. Es erinnert ihn an seine Beziehung zum Vater. Er spürt, dass noch mehr in ihm steckt als er zurzeit wahrnehmen und nach außen bringen kann.

PHASE 2

Wir bearbeiteten mit folgenden Tools die Themenschwerpunkte von Herr K. (siehe Kapitel 3)

Tool Persönlichkeitsfragebogen
Tool Stärkenliste
Tool Visuelle Lebenslinie
Tool Familienalbum in der Reflexion
Verschiedene Spiegelübungen

PHASE 3

Visualisierung der Stärken

PHASE 4

Reflexion der Fotos mit dem Fokus „Selbstbilder" und „Körpersprache". Schulung der positiven Selbstwahrnehmung

PHASE 5

Kosten-Nutzen-Analyse der verschiedenen Entscheidungsoptionen
Klärung der Beziehungsdynamik zum Vorgesetzten

Wir gelangen zu der Erkenntnis, dass der Wunsch nach Veränderung mehr an den begrenzten Entwicklungsmöglichkeiten des jetzigen Arbeitsplatzes liegt als an den Schwierigkeiten mit dem Vorgesetzten. Herr K. hat Lust auf etwas Neues. Eigentlich hat er schon innerlich mit dem jetzigen Arbeitsplatz abgeschlossen, da viele Rahmenbedingungen nicht seinen Vorstellungen entsprechen. Das Gespräch mit dem Vorgesetzten sieht er nicht mehr als nötig an. Er trägt sich mit dem Gedanken, ein Gespräch mit seinem Vater zu suchen, um seine Kränkungen zu thematisieren. Angst macht ihm insbesondere die Reaktion seiner Frau bezüglich eines Arbeitsplatzwechsels. Unsere Absprache: Herr K. sucht das Gespräch mit seiner Partnerin und den Kindern, um zu klären, ob sie einen eventuellen Standortwechsel akzeptieren.

PHASE 6

Herr K. bekommt von seiner Familie Verständnis und Unterstützung für seine Veränderungswünsche. Er entscheidet sich für die Bewerbung um einen neuen Arbeitsplatz. Wir erarbeiten weiter einen Plan für konkrete Schritte.

PHASE 7

Konzipierung der Bewerbung:
Fotos für das Bewerbungsverfahren
Vorbereitung auf Vorstellungsgespräche
Trainieren eines authentischen, souveränen Auftretens

PHASE 8

Reflexion der Fotos
gemeinsames Auswählen des Bewerbungsfotos
Sichtung der Bewerbungsunterlagen

PHASE 9

Resümee und Abschluss des Coachings. Herr K. hat einen neuen Arbeitsplatz in der Nähe gefunden, der ihm die gewünschten Entwicklungsmöglichkeiten bot. Ein Umzug war nicht nötig. Die Beziehung zur Partnerin und den Kindern wurde durch Ihre Bereitschaft seine Veränderungen mitzutragen gestärkt. Ein klärendes Gespräch mit dem Vater hatte stattgefunden. Herr K. fühlte sich erleichtert.

PHASE 10

Telefonat sechs Monate nach Abschluss des Coachings. Herr K. war froh über seinen Arbeitsplatzwechsel. Der neue Job macht ihm Spaß. Seine Zufriedenheit beeinflusst auch die Familienatmosphäre positiv. Die Beziehung zum Vater ist nach wie vor schwierig. Aber der Kontakt hat sich intensiviert. Herr K. hofft auf eine weitere Annäherung.

Das Photoprofiling umfasste insgesamt eine Zeitspanne
von acht Monaten.

2.6 Lebensbalance

Ein Leben in Balance – wer möchte es nicht gerne führen. Manchmal, wenn wir verletzt oder enttäuscht sind, dann sind wir sehr weit von einem solchen Zustand entfernt. Ein anderes Mal – wenn wir zum Beispiel verliebt sind – ist alles im Lot und wir fühlen uns rundherum gut. Wir sind locker und Stress prallt an uns ab, ohne Schaden anzurichten. Wohl niemand kann sein ganzes Leben lang immer verliebt sein. Welche Faktoren aber sind maßgebend dafür, dass wir uns ausgeglichen, also in Balance fühlen? Balance bezeichnet ein Gleichgewicht von entgegenwirkenden Kräften oder einen Zustand der Ausgewogenheit. Für uns hat sich der Begriff Life-Work-Balance etabliert. Er steht für einen Zustand, in dem Arbeit und Privatleben miteinander in Einklang stehen. Im Beruf sollen wir Spitzenleistung bringen und auf der Karriereleiter immer höher klettern; zu Hause kümmern wir uns liebevoll um Partner und Kinder; dann laufen wir noch Marathon und lernen ostasiatische Meditationstechniken. Unmöglich? Wir müssen nur unser Leben richtig organisieren, versprechen Ratgeberbücher und Berater, dann klappt es schon. Kritisch anzumerken ist, dass hiermit unterstellt wird, dass Beruf, Arbeit (work) etwas anderes sei und abseits vom Rest unseres Lebens (life) passiere. Ist Balance also nur eine Frage des richtigen Zeitmanagements? Nein. Es geht zunächst um das Ergründen und Erforschern der eigenen Persönlichkeit und unserer Bedürfnisse.

Unsere Balance basiert auf den fünf Säulen der Gesundheit: gesunder Körper, gesunder Geist, gesunde Familie, Anerkennung in der Gesellschaft und gesunde Finanzen. Wenn wir es schaffen, dass alle fünf Lebensbereiche in Balance sind, stehen wir auf der Selbstverwirklichungspyramide ganz oben. Sie sind noch nicht so weit? Kein Problem, denn wie so oft im Leben gilt auch hier: „Der Weg ist das Ziel". Unabhängig davon, was Experten für ein ausgewogenes Leben halten, ist jeder gefragt, dies selbst für sich herauszufinden. Die folgenden Begriffe können daher nur als Anregung dienen, sich auf die Forschungsreise nach Ihrer Lebensbalance zu begeben.

_ KÖRPER	Bewegung
	Entspannung
	Gesunde Ernährung

_ ARBEIT	Schöner Beruf
	Karriere
	Erfolg
	Materielle Sicherheit

_ KONTAKT	Familie
	Freunde
	Zuwendung
	Anerkennung

_ SINN	Philosophie
	Glaube
	Liebe
	Erfüllung
	Zukunftsperspektive
	Selbstverwirklichung

Aus meiner Erfahrung geht es um das Entwickeln eines seelischen und körperlichen Gleichgewichts. Schaffen wir es nicht auf Dauer dieses herzustellen, dann drohen uns Erkrankungen wie Burn-out, Depression, Rücken- und Herzprobleme. Unsere Balance ist also lebenswichtig.

2.7 Authentische Selbstpräsentation

Viele Menschen befürchten, dass durch eine manipulierte fotografische Darstellung ein falsches oder verzerrtes Bild veröffentlicht wird. Besonders bei Managern und Politikern, die wenig Vertrauen genießen, könnte ein zu positives Bild gezeichnet werden. Mir ist die Abgrenzung wichtig zwischen einer authentischen Präsentation und einer manipulierten Darstellung einer Person. Ich unterstütze nur Persönlichkeiten, die wirklich daran interessiert sind, ein ehrliches Bild Ihrer Person zu zeigen.

Gehören Sie auch zu den Persönlichkeiten, die sich selbst darstellen (müssen)? Zum Beispiel in Meetings, Vorträgen, Netzwerken, Presseterminen, Fernsehauftritten oder auch mit Artikeln und Büchern?

Es gibt viele Faktoren, die unsere Außenwirkung beeinflussen:

1. VISUELLE WIRKUNGSFAKTOREN
Körpersprache (Mimik, Gestik, Haltung)
Blickkontakt
Physische Erscheinung und Präsenz (Größe, Korpulenz)
Umgang mit Raum
Kleidung, Stil

2. WIRKUNG DER LAUTSPRACHE
Sprachtempo
Stimme
Pausen
Lautstärke
Betonung
Satzmelodie
Deutlichkeit

3. WIRKUNG DER WORTSPRACHE
Wortwahl
Formulierungen
Sprachbilder
Satzbau
Struktur

In seinem Buch „Alles über Körpersprache" beschreibt Samy Molcho, der berühmte Pantomime und Experte für nonverbale Kommunikation, wunderbar, wie er die Körpersprache versteht:

„Körpersprache ist ein fließendes Element, das sich verändert, in jeder Begegnung neue Formen annimmt, wie das Wasser in einem Gefäß, und das doch unverändert bleibt. Körpersprache ist der Ausdruck unserer Wünsche, unserer Gefühle, unseres Wollens, unseres Handelns. Sie verkörpert unser Ich." (Molcho 2001)

Unsere Körpersprache lässt sich in drei Bereiche unterteilen: Mimik, Gestik, Haltung.

Mit Augen, Nase und Mund werden Einstellungen und Gefühle ausgedrückt. Durch die Mimik des Gesichts senden wir gleichzeitig unterschiedliche Signale aus. Besonders aussagekräftig sind die Augen und der Mund. Ist das Zusammenspiel nicht kongruent, kann unser Gegenüber irritiert werden. Zum Beispiel wenn der Mund lächelt und die Augen schauen unfreundlich.

Unter Gestik verstehen wir die Bewegungen der Arme, Hände und Finger. Gesten lassen sich in Aggressions-, Unsicherheits- und Kooperationsgesten unterteilen. Auf Gesten bekommen wir in der Regel unmittelbare Reaktionen, da sie nicht zu übersehen sind.

Die Haltung des ganzen Körpers signalisiert, wie wir zu uns selbst und zu anderen stehen. Zur Haltung zählen: Körperhaltungen im Sitzen, Stehen, Liegen, die Kopfhaltung und das Gehen.

Wie viel Raum wir einnehmen, hängt von unserem Revierverhalten ab. Damit versuchen wir unseren Einflussbereich zu sichern. Es gibt jedoch Tabubereiche, in die kein anderer eindringen darf. Bei der Annäherung an andere Menschen müssen wir Distanzzonen beachten. Der Mindestabstand, den wir halten sollten, ist abhängig davon, wie vertraut wir mit unserem Gegenüber sind. Wenn wir zum Beispiel einen Fremden ohne Erlaubnis anfassen, wird dies als Angriff gewertet und provoziert eine Gegenreaktion. Andererseits lassen zu große Entfernungen keinen Kontakt zu. Der andere kann unsere Signale nicht deuten.

Die Körpersprache beeinflusst ein Großteil unserer Außenwirkung. Nach den Ergebnissen vieler Untersuchungen ca. 55 Prozent. Weitere 37 Prozent unserer Wirkung wird dadurch bestimmt, wie wir etwas sagen, und nur 8 Prozent, was wir sagen. Für viele Klienten eine schockierende Information, weil sie bei ihren Präsentationen verständlicherweise großen Wert auf den Inhalt legen.

Warum wird die Körpersprache trotzdem weniger geschult als unser verbaler Ausdruck? Aus meiner Erfahrung gibt es dafür folgende Gründe:

Unsere Körpersprache ist schwerer zu reflektieren als unsere verbale Kommunikation. Was wir sagen und wie wir es sagen, ist für uns hörbar und daher auch kontrollierbar. Im Gegensatz dazu haben wir wenige Gelegenheiten unseren nonverbalen Ausdruck zu erforschen. Wir können uns schließlich nicht den ganzen Tag im Spiegel betrachten.

Viele Menschen sind mit ihrem Körper unzufrieden. Auch das ist ein Grund für die mangelnde Bereitschaft, sich mit dem eigenen Körper und seinen Ausdrucksmöglichkeiten zu beschäftigen.

Aber auch wenn wir uns auf dieser Ebene nicht auseinandersetzen, redet unser Körper. Er redet wie ein ungebildeter, unreflektierter Mensch, „so wie ihm der Schnabel gewachsen ist". Das führt zu Wirkungen, die wir nicht haben wollen. Unsicherheiten, Selbstwertprobleme und negative Selbstbilder werden für andere sichtbar, obwohl wir auf der verbalen Ebene sicher erscheinen mögen. Unser Körper verrät, was unsere Sprache kaschieren will.

Wenn wir also unsere Körpersprache bewusster nutzen wollen, brauchen wir regelmäßige Möglichkeiten, sie zu erforschen und weiterzubilden so wie wir auch unseren sprachlichen Ausdruck ganz selbstverständlich schulen.

Der Einsatz des Mediums Fotografie ist für die Erforschung und Bearbeitung der Körpersprache ein äußerst effektives Reflexionsmedium. Wir können es wie einen Spiegel nutzen und mit unserem Körperausdruck experimentieren. Ungewünschte Wirkungen können bearbeitet und korrigiert werden. Wenn wir mit unseren Körperbildern und unseren individuellen Ausdrucksmöglichkeiten zufrieden sind, wirken wir sicher und überzeugend auf andere. Ein sicheres, authentisches und überzeugendes Auftreten ist die optimale Ausschöpfung auf allen drei Ebenen: Körper, Sprache, Stimme.

Wichtig ist, dass das Schulen der Präsentationsebenen nicht dazu führt, eine perfekte, glatte Fassade aufzubauen. Dies wirkt auf andere irritierend und ist unauthentisch. Nicht perfekt zu sein ist der Regelfall! Es ist eher wichtig, wie man mit Fehlern umgeht. Authentizität ist das wichtigste und macht uns für andere greifbar.

Für Führungskräfte stellt sich daher eine schwierige Aufgabe: Müssen sie in Verhandlungssituationen zumeist darauf achten, dass ihre Mimik, Gestik und Haltung nichts von ihrer Emotionalität verrät, wäre es im Kontext Mitarbeiterkommunikation und Führung geradezu fatal, keine Emotionen zu zeigen. Mitarbeiter wären irritiert und im Umgang mit dem Vorgesetzten verunsichert. Kontakt- und Kommunikationsvermeidung wäre die Folge.

Da wir im Coachingprozess die Stärken des Auftraggebers herausarbeiten und eine authentische, souveräne Selbstpräsentation entwickeln, bekommt der Klient ein neues Bewusstsein für seine vielfältigen Kompetenzen. Er kann sich dadurch entspannt und authentisch präsentieren.

Auch wenn im Photoprofiling meistens nicht das Herstellen von repräsentativen Porträts im Vordergrund steht, bekommen wir oft überzeugende und authentische Porträts als nützliches Nebenprodukt. Das machen sich manche Klienten zunutze. Sie setzen Fotos aus Photoprofiling-Prozessen zur fotografischen Selbstdarstellung nach außen ein. Das folgende Beispiel soll dies verdeutlichen.

BEISPIEL

Frau B war zu Beginn unserer Zusammenarbeit 52 Jahre alt. Sie leitet ein Institut für Unternehmensberatung. Frau B. buchte ein Photoprofiling, weil sie sich seit einiger Zeit damit beschäftigte, ihre Arbeitsschwerpunkte zu verändern. Ihre Zielsetzung bestand darin, ihr Unternehmensprofil zu schärfen. Weiter war es ihr wichtig, eine Bestandsaufnahme ihrer aktuellen Situation zu erarbeiten, ihr Potenzial zu erforschen und sichtbar zu machen. Zur Vorbereitung bekam Frau B. einen Persönlichkeitsfragebogen zugesandt.

PHASE 1

Klärung ihrer Zielsetzungen
Potenzial-Stärkenanalyse, Körpersprache, Ausdruck
Vorbereitung auf den Fototermin (Klärung des Outfits, symbolträchtige Gegenstände)

PHASE 2

Fotos zur Visualisierung ihrer Stärken

Reflexion der Fotos unter den Aspekten Potenzialentwicklung und „positive Außenwirkung"

Das erste Photoprofiling umfasste eine Zeitspanne von vier Wochen. Frau B. nutzt seitdem regelmäßig ein bis zwei Mal im Jahr Photoprofiling, um ihre aktuellen Veränderungen zu dokumentieren. So wie sie es beschreibt, weil es ihr großen Spaß bereitet, sich auf diese Weise mit ihrer Persönlichkeitsentwicklung zu beschäftigen.

Sie setzt die entstandenen Fotos auch zur Selbstdarstellung auf ihrer Webseite ein. Damit bekommen ihre Kunden konkrete, aktuelle Informationen über ihr Persönlichkeitsprofil. Die Reaktionen ihrer Kunden auf ihre Präsentation sind durchweg positiv. Nachfragen von Frau B. bei Neukunden ergaben, dass auch ihre fotografische Selbstdarstellung dafür ausschlaggebend war, sie zu buchen. Feedbacks wie „Sie wirken authentisch und kompetent" oder „Sie haben sichtlich Spaß an Ihrer Arbeit" sind eine tolle Bestätigung für Frau B.

3. Photoprofiling-Tools

Die nun folgenden Methoden sind in den Coachingprozess integriert, daher können sie von mir als Coach bei jedem Klienten bewusst und gezielt eingesetzt werden.

Die meisten meiner Photoprofiling-Tools erfordern psychologische Kenntnisse und Wissen bezüglich Handhabung und Wirkung von projektiven Methoden. Ich möchte Coachs darauf hinweisen, dass die Begeisterung für eine Methode nicht ausreicht, um sie qualifiziert anwenden zu können. Die Tools sind nur dann sinnvoll eingesetzt, wenn es ihren Kompetenzen entspricht. Qualifikation, Authentizität und Glaubwürdigkeit sind die wichtigsten Voraussetzungen, um eine positive Wirkung für den Klienten zu erzielen. Das sollte immer im Vordergrund stehen. Bitte prüfen Sie Ihre Kompetenzen und Erfahrungen daher sorgfältig, bevor sie meine Tools anwenden.

Viele Tools sind für das Selbstcoaching geeignet. Achten Sie gut auf Ihre Grenzen und beobachten Sie sehr genau die Wirkung der Methoden. Wie ich schon mehrfach darauf hingewiesen habe, ist Fotografie als Selbstreflexionsmedium konfrontativ und manchmal sehr tief gehend in der Wirkung. Machen Sie niemals mehrere Tools hintereinander. Zum einen würde es die Wirkung der einzelnen Methoden verfälschen und könnte Sie schlimmstenfalls psychisch und emotional überfordern. Es bietet Ihnen auf der anderen Seite sehr viel Potenzial zum Kennenlernen und Fördern der eigenen Persönlichkeit.

Ich freue mich, wenn meine Coaching-Tools Ihre Weiterentwicklung unterstützen. Gerne stelle ich Ihnen meine Methoden zur Verfügung.

3.1 Auftrags- und Zielklärung

3.1.1 Auftragsklärung

ZIEL
Tool zur Klärung der Motivation, Erwartungen
und Ziele des Coachinginteressenten.

MATERIAL
Fragebogen Auftragsklärung

ZIELGRUPPEN
Coachs, Coachinginteressierte

Geeignet für Selbstcoaching,
keine psychologischen Kenntnisse erforderlich

ZEITDAUER
ca. 30-60 Min.

EINFÜHRUNG
Nach einem ersten Telefonat bekommen meine Kunden den folgenden
Auftragsklärungsbogen zugesandt. Mit diesem Tool können Sie die Motivation und die Zielsetzung des Coachinginteressenten klären. Falls Sie
vorhaben, selbst ein Coaching in Anspruch zu nehmen, können Sie durch
diesen Fragebogen Ihre Erwartungen und Ihre Motivation überprüfen.

Die Motivation und der Auftrag des Klienten sollte, besonders sorgfältig
geklärt werden. Denn es entscheidet maßgeblich über den Erfolg oder
Misserfolg des Coachings. Nachdem der Klient sein Anliegen und seine
Vorstellung geschildert hat, hat der Coach noch keinen Auftrag. Das ist
ein eigenständiger Schritt, denn dabei wird ein „Vertrag" zwischen Coach
und Klient geschlossen. Falls eine Firma oder eine Institution für eine Führungskraft ein Coaching bucht, ist es besonders wichtig die verschiedenen
Aufträge zu klären und auf die Schweigepflicht des Coachs gegenüber
dem Klienten hinzuweisen. Das bedeutet, dass keine Inhalte des Coachings an Dritte weitergegeben werden. Lässt sich das Unternehmen nicht
darauf ein, gibt es keine Grundlage für einen Coachingkontrakt.

Daher muss in der Phase Auftragsklärung zum einen definiert werden, was der Auftraggeber verändern möchte – und der Coach muss sich im Stande sehen und fühlen, den Auftrag auch anzunehmen. Während der Auftragsklärung und Kontraktbildung wird aus dem Problem, welches der Klient hat, ein Ziel oder eine Lösung.

FRAGEBOGEN AUFTRAGSKLÄRUNG

1. Was stellen Sie sich unter Coaching vor?

2. Wodurch wurde der Coachingbedarf ausgelöst?

3. Warum haben Sie sich für dieses Coaching entschieden?

4. Welche Themen wollen Sie bearbeiten?

5. Was wollen Sie erreichen?

6. Wie viel Zeit und Geld wollen Sie investieren?

7. Welche Erwartungen haben Sie an mich als Coach?

3.1.2 Coachingvertrag

ZIEL
Schriftliche Fixierung der Themenschwerpunkte, Ziele und des Zeitkontingents.

MATERIAL
Coachingvertrag

ZIELGRUPPEN
Coachs

Keine psychologischen Kenntnisse erforderlich

ZEITDAUER
ca. 60-90 Min.

EINFÜHRUNG
In einem ausführlichen Vorgespräch, nach der Reflexion des Auftragsklärungsbogens, werden gemeinsam mündlich Vereinbarungen getrof-

fen, die im Anschluss schriftlich fixiert werden. Der Vertrag umfasst auch die Akzeptanz der Allgemeinen Geschäftsbedingungen. Das ist sinnvoll und notwendig, falls es zu Unstimmigkeiten oder Vertragsbrüchen kommt. Weiter werden die Themenschwerpunkte, die Ziele und der vorläufige Umfang des Photoprofiling vereinbart. Dieser Vertrag schafft Verbindlichkeit und eine klare Perspektive.

COACHINGVERTRAG

Name _____ Alter _____

Berufsausbildung _____ Funktion/Position _____

Adresse _____

_____

Telefon _____ mobil _____

E-Mail _____

Firmenname _____

Adresse _____

_____

Zuständige Person _____

Telefon _____ mobil _____

E-Mail _____

COACHINGTHEMEN

☐ Zielanalyse   ☐ Positive Selbstpräsentation   ☐ Work-Life-Balance
☐ Stärkenanalyse   ☐ Motivationstraining   ☐ Burn-out-Prophylaxe
☐ Potenzialanalyse   ☐ Teamkompetenz   ☐ Krisen-Management
☐ Potenzialentwicklung   ☐ Körpersprache   ☐ Change-Management
☐ Karriereplanung   ☐ Kamera-Medientraining   ☐ Führungsstil
☐ Selbstbild-Fremdbild   ☐ Selbstpräsentation   ☐ Führung und Ethik

COACHINGZIELE

ZEITVOLUMEN

KOSTENÜBERNAHME   ☐ Firma   ☐ Klient

VEREINBARTE TERMINE   ORT

☐ Ich erkläre mich mit den AGBs einverstanden.

Datum _____ Unterschrift _____

3.1.3 Lieblingsporträt

ZIEL
Dieses Tool dient zur Überprüfung der Selbstwahrnehmung
Ihres Klienten.

MATERIAL
Lieblingsporträt (falls nicht vorhanden,
kann auch das unbeliebteste Porträt mitgebracht werden)

ZIELGRUPPE
Coachs

Psychologische Kenntnisse erforderlich

ZEITDAUER
60-80 Min.

EINFÜHRUNG
Gerade zu Beginn eines Coachingprozesses geht es darum, das Bewer-
tungssystem des Klienten kennen zu lernen. Insbesondere was die Bewertung der eigenen Person betrifft. Wenn ich meine Klienten bitte, das
Lieblingsporträt mitzubringen, bekomme ich oft die Rückmeldung: es
gebe keins! Man würde auf Fotos immer unvorteilhaft aussehen. Bleibt
der Klient dabei, lassen Sie ihn also das unbeliebteste Porträt mitbrin-
gen. Auch dies gibt sehr viel Aufschluss über die Selbstwahrnehmung
des Klienten.

ANLEITUNG
1. SCHRITT
Betrachten Sie gemeinsam das Foto und fragen Sie
den Klienten Folgendes.

_ Wo wurde das Foto gemacht?

_ Wann wurde es gemacht?

_ Wie alt war der Klient beim Entstehen der Aufnahme?

_ Wer war in der Situation dabei?

_ Wer hat das Foto gemacht?

_ Wie hat sich der Klient gefühlt?

2. SCHRITT
Reflektieren Sie mit dem Klienten, was genau das Foto zum Lieblingsporträt oder unbeliebtesten Porträt macht.

3. SCHRITT
Besprechen Sie mit dem Klienten, ob er generell dazu neigt, Dinge eher positiv oder negativ zu bewerten.

4. SCHRITT
Ergründen Sie mit dem Klienten sein Wertesystem.

3.1.4 Visuelles Tagebuch

ZIEL
Dieses Tool dient zur Bestandsaufnahme der aktuellen Situation und zur Klärung von ambivalenten, diffusen Zielen.

MATERIAL
Kamera

ZIELGRUPPEN
Coachs, Coachinginteressierte

Geeignet für Selbstcoaching,
keine psychologischen Kenntnisse erforderlich

ZEITDAUER
mindestens 2 Wochen

EINFÜHRUNG
Ein Tagebuch ist wie eine Autobiografie in chronologischer Reihenfolge. Es gibt einen frischen Eindruck des Erlebten wieder. Darin werden Erlebnisse, eigene Aktivitäten, aber auch Stimmungen und Gefühle aufgezeichnet. Es ist ein Medium der Selbstvergewisserung und zeichnet sich durch einen hohen Grad an Subjektivität aus. Ein Kennzeichen aller Tagebücher ist die Regelmäßigkeit des Berichtens. Es wird für gewöhnlich nicht mit dem Ziel einer Veröffentlichung geschrieben.

Klienten, die unklare oder ambivalente Veränderungswünsche haben, bekommen von mir die Aufgabe, eine Zeit lang ihr aktuelles Leben in einem visuellen Tagebuch zu dokumentieren. Dies kann auch durch Texte ergänzt werden. Durch das intensive Hinsehen und Reflektieren der aktuellen Lebenssituation soll Klarheit für neue Schritte entstehen.

ANLEITUNG

1. SCHRITT
Beginnen Sie mit Selbstporträts einmal am Tag.

2. SCHRITT
Fotografieren Sie Räume, in denen Sie sich täglich aufhalten. Ihre Wohnung, Ihren Arbeitsplatz, Auto, öffentliche Verkehrsmittel.

3. SCHRITT
Fotografieren Sie Menschen, mit denen Sie einen Großteil Ihrer Zeit verbringen, und Menschen, die Ihnen wichtig sind.

4. SCHRITT
Fotografieren Sie Situationen, Landschaften und Gegenstände, die für Sie von Bedeutung sind.

5. SCHRITT
Fotografieren Sie spontan, was Sie interessiert und was Ihnen Spaß macht.

6. SCHRITT
Treffen Sie eine Auswahl für Ihr visuelles Tagebuch und drucken Sie diese Fotos aus.

7. SCHRITT
Reflektieren Sie die Fotos nach folgenden Aspekten allein oder mit einem Coach.

_ Wie fühle ich mich bei der Betrachtung der Fotos?

_ Was vom meinem aktuellen Leben soll erhalten werden? Wovon will ich mich verabschieden?

_ Welche Fotos sind zukunftsgerichtet und welche verharren eher in der Vergangenheit?

8. SCHRITT

Gehen Sie wieder mit der Kamera los. Begeben Sie sich bewusst in neue Situationen. Suchen Sie neue Orte auf und fotografieren spontan, was Ihnen ins Auge fällt.

9. SCHRITT

Drucken Sie sich auch diese Fotos aus und reflektieren Sie allein oder mit einem Coach unter folgenden Aspekten:

_ Warum hat mich gerade dieses Motiv angesprochen?

_ Welche Wünsche, Sehnsüchte bringen die Bilder zum Ausdruck?

3.1.5 Mind-Mapping mit Fotos

ZIEL
Tool zur Visualisierung und Klärung von Ziele und Visionen

MATERIAL
Flipchart und/oder großes Blatt Papier, eventuell Fotos aus dem visuellen Tagebuch, Kamera

ZIELGRUPPEN
Coachs, Coachinginteressierte

Geeignet für Selbstcoaching,
keine psychologischen Kenntnisse erforderlich

ZEITDAUER
60-120 Min.

EINFÜHRUNG

Um Ziele erreichen zu können ist es wichtig, sie bestmöglich zu klären und zu konkretisieren. Vielen Menschen fällt dies sehr schwer. Den meisten von Ihnen ist die bewährte Methode Mind-Mapping vermutlich bekannt. Ich setze diese Methode zur Zielklärung meiner Klienten ein. Hier noch einmal zur Auffrischung die Grundlagen. Beim Mind-Mapping notieren Sie Ihre Gedanken nicht wie üblich hinter- oder untereinander. Anstelle dessen schreiben Sie das Hauptthema Ihrer Notizen auf die Mitte des Blattes und notieren Ihre Gedanken als Schlüsselwörter auf

Linien, die von der Mitte der Mind-Map ausgehen. Dadurch entsteht eine bildhafte Darstellung Ihrer Gedanken, also so etwas wie eine Gedankenkarte. Ergänzt wird im Photoprofiling die grafische Darstellung mit Fotos, die der Klient allein oder mit mir gemeinsam gestaltet.

ANLEITUNG

1. SCHRITT

Sie beginnen, indem Sie das Stichwort „Meine Ziele" in die Mitte eines leeren Blatt Papiers schreiben.

2. SCHRITT

Sie sammeln so viele Begriffe, wie Ihnen zu Ihren Zielvorstellungen spontan einfallen.

3. SCHRITT

Sie ordnen die gesammelten Begriffe unter klar formulierten Ziel-Überschriften.

4. SCHRITT

Jede Ziel-Überschrift bekommt ein Foto zugeordnet.

5. SCHRITT

Anschließend entscheiden Sie über die Prioritäten Ihrer Ziele, indem Sie jedem Ziel eine fortlaufende Zahl beginnend mit 1 zuordnen.

6. SCHRITT

Die Fotos bringen Sie als Erinnerungshilfe an einem zentralen Ort Ihres Büros oder Ihrer Wohnung an.

3.1.6 Bilder-Check

ZIEL

Dieses Tool kann zur Visualisierung von Zielen, und zur Überprüfung von inneren Entwicklungsprozessen angewandt werden.

MATERIAL

50 Postkarten und/oder Fotos im 10x15 cm Format mit ausdrucksstarken Bildern, die Gefühle und alltägliche Situationen darstellen

ZIELGRUPPE
Coachs

Psychologische Kenntnisse und Erfahrung
mit projektiven Verfahren erforderlich

ZEITDAUER
Je nach Schwerpunkt 60-180 Min.

EINFÜHRUNG

Die Wirkung von Bildern habe ich in vorherigen Kapiteln ausführlich beschrieben. Die Arbeit mit Bildern im Coaching unterstützt den Klienten, einen Zugang zu seinen Emotionen zu finden. Besonders die Würdigung der inneren Entwicklungsprozesse kann mit diesem Tool zum Ausdruck gebracht werden. Dies sollte sowohl private als auch berufliche Entwicklungen betreffen. Denn alles greift ineinander und fördert den Klienten in seiner Gesamtentwicklung.

ANLEITUNG

1. SCHRITT
Schauen Sie sich alle Bilder in Ruhe an.

2. SCHRITT
Suchen Sie sich nun ein Bild aus, das Ihre berufliche Entwicklung, und eins, das ihre private Entwicklung symbolisiert.

3. SCHRITT
Beschreiben Sie die Bilder und deuten Sie diese in Bezug auf Ihre Entwicklungsschritte.

4. SCHRITT
Geben Sie den Bildern einen Titel zur besseren Verankerung in Ihrem Gedächtnis.

3.1.7 Lösungswaage

ZIEL

Tool zur Klärung von unklaren Zielen, Auflösung von Ambivalenzen, und zur Lösung von scheinbar unlösbaren Situationen.

MATERIAL

Eine zweiarmige Brief-Waage, kleine Karteikarten, Kamera

ZIELGRUPPE

Coachs

Psychologische Kenntnisse erforderlich

ZEITDAUER

ca.60-120 Min.

EINFÜHRUNG

Wir kennen alle Ambivalenzen oder das Gefühl, keine Lösung für ein Problem zu finden. Das Nebeneinander von gegensätzlichen Gefühlen, Gedanken und Wünschen macht uns schier verrückt und unglücklich. Es zehrt an unserer Energie, macht uns unklar und manchmal auch krank. Es ist eine Verengung unserer Wahrnehmung, aus der wir keinen Ausweg mehr sehen können. Ich möchte Ihnen anhand eines Beispiels aus meiner Praxis verdeutlichen, wie uns das Tool „Lösungswaage" helfen kann, solche inneren Konflikte aufzulösen. Dabei geht es darum, nach Abwägen aller wichtigen Aspekte eine gerechte Lösung für den Klienten zu finden.

BEISPIEL

Frau M., Anfang 40, war elf Jahre Führungskraft in einem mittelständischen Unternehmen. Es standen massive Umstrukturierungen bevor, da die Firma seit einiger Zeit rote Zahlen schrieb. Stellenabbau und Verkauf war immer wieder ein bedrohliches Thema für Frau M. In den letzten zwei Jahren war sie oft krank und fühlte sich unwohl. Sie bekam immer mehr Druck von ihrem Vorgesetzten, was sie zusätzlich belastete. Frau M. sah keinen Ausweg. Denn ihr Mann war vor kurzem arbeitslos geworden und sie mussten ein Haus abbezahlen.

In dieser scheinbar hoffnungslosen Situation kam Frau M. zum Coaching. Sie wirkte deprimiert und hatte viel von ihrem Selbstbewusstsein verloren, wie sie selbst sagte. Veränderungsziele wollte sie zu Beginn nicht formulieren, da sie keine Möglichkeit der Veränderung sah. Ihr Ziel war, besser mit der schwierigen Situation klarzukommen. Nach einer ausführlichen Potenzialanalyse und Stärkung des Selbstwertgefühls setzte ich die Lösungswaage als Tool ein. Das Ergebnis war für Frau M. überraschend. Sie entschloss sich mutig ihren Arbeitsplatz zu kündigen und machte sich selbstständig als Unternehmensberaterin für ihre Branche. Sie ist nach den üblichen Anfangsschwierigkeiten zunehmend erfolgreich und zufrieden mit ihrer Lebenssituation. Ihr Mann hat auch einen neuen Arbeitsplatz gefunden, so dass auch die Finanzierung der Immobilie gesichert ist.

Das folgende Feedback bekam ich im Anschluss an das Coaching: „Meine persönliche Wahrnehmung von mir hat sich positiv verändert. Ich kann mich mehr auf meine Stärken konzentrieren und mir Fehler zugestehen. Vieles habe ich durch das Photoprofiling an mir entdeckt, was in einem „normalen Coachingrahmen" nicht möglich gewesen wäre, gerade in Bezug auf meine Zielsetzung. Ich bin froh, dass ich mich für den Weg in die Selbstständigkeit entschieden habe."

ANLEITUNG

1. SCHRITT

Schreiben Sie alle Für-und-wider-Argumente bezüglich Ihrer Problemstellung auf einzelne Karteikarten.

2. SCHRITT

Legen Sie die Karten sortiert nach Für und Wider auf die verschiedenen Seiten der Waage. Welche Seite wiegt schwerer?

3. SCHRITT

Legen Sie alle Karten anschließend sortiert nach dem Für und Wider auf gegenüberliegende Seiten und bewerten diese mit einer Zahl von 1-10 nach Gewichtigkeit des Arguments. Zählen Sie nun die Punkte zusammen und sehen, ob die Differenzierung den ersten Lösungsschritt bestätigt oder korrigiert.

4. SCHRITT

Finden Sie ein Symbol für Ihre Lösung und fotografieren Sie es. Bringen Sie das Foto an einer zentralen Stelle Ihres Büros oder Ihrer Wohnung an, um es immer wieder zu sehen, bis es in Ihrem Langzeitgedächtnis verankert ist.

3.2 Potenzial-Stärkenanalyse

3.2.1 Persönlichkeitsfragebogen

ZIEL
Tool zur Standortbestimmung der aktuellen Persönlichkeitsentwicklung und Situation.

MATERIAL
Fragebogen Persönlichkeit

ZIELGRUPPE
Coachs

Psychologische Kenntnisse erforderlich

ZEITDAUER
ca. 90-120 Min.

EINFÜHRUNG
Nach der schriftlichen Coachingvereinbarung erhält der Klient einen Persönlichkeitsfragebogen. Dieser dient zur Bestandsaufnahme der aktuellen Situation und ist eine gute Möglichkeit sich auf das Photoprofiling vorzubereiten. Themenschwerpunkte sind Rollen, Selbstbild-Fremdbild, Selbstwahrnehmung-Fremdwahrnehmung, Außenwirkung, Selbstpräsentation, Führungsstil, Ziele und Visionen und das Unterstützungssystem des Klienten. Nach Rückmeldung vieler ist der Bogen sehr hilfreich für den Einstieg in das Photoprofiling. Ein Kunde schrieb: „Ich wollte mit Photoprofiling meine Kreativität, Kraft, Energie, Freude an Kommunikation und Freude am Gegenüber visualisieren. Mir sind meine Stärken bewusster geworden. Besonders positiv empfand ich die Vorbereitung über den Persönlichkeitsfragebogen, die vertrauensvolle Atmosphäre und die anregende Verankerung der Stärken vor den Fototerminen."

MEINE ROLLEN

1. Aktuelle Rollen?
2. Welche Rollen würde ich gerne ablegen?
3. Welche Rollen würde ich gerne mehr leben?
4. Welche Rollen würde ich gerne neu ausfüllen?

MEINE SELBSTBILDER

1. Positive Selbstbilder?
2. Negative Selbstbilder?
3. Angestrebte Selbstbilder?
4. Wie sehen mich andere?
   Partner(in)
   Verwandte
   Freunde
   Kollegen/Vorgesetzte/Mitarbeiter
   Sonstige

MEINE AUSSENWIRKUNG

1. Wie möchte ich auf andere wirken?
2. Wie will ich meine Außenwirkung optimieren?
   Anderes Styling
3. Verbesserung des sprachlichen Ausdrucks
4. Klare, sichere, modellierte Stimme
5. Bewusste Gestaltung und Einsatz der Körpersprache
   (Mimik, Gestik, Haltung)
6. Sympathischere Ausstrahlung
7. Mehr Authentizität
8. Mehr Offenheit
9. Mehr Kontaktfähigkeit
10. Bessere Umgangsformen, Kenntnisse von Etiketten

MEINE STÄRKEN

1. Was sind meine Stärken?
2. Welche Stärken nutze ich aktuell?
3. Welche Stärken sind ungenutzt?
4. Welche Stärken möchte ich weiterentwickeln?
5. Welche Stärken will ich neu erlangen?

   Mein Selbst............. auf einer Skala von 0–100:

Wie groß ist mein Selbstvertrauen?

0 | | | | | | | | | | | | | | | | | | | 100

Wie selbstverantwortlich gehe ich mit mir um?

0 | | | | | | | | | | | | | | | | | | | 100

Wie groß ist meine Selbstakzeptanz?

0 | | | | | | | | | | | | | | | | | | | 100

Wie groß ist meine Selbstliebe?

0 | | | | | | | | | | | | | | | | | | | 100

MEINE FÜHRUNGSKOMPETENZEN

1 immer / 2 oft / 3 manchmal / 4 selten / 5 nie

Teamfähigkeit

Konfliktfähigkeit

Flexibilität

Frustrationstoleranz

Kommunikationsfähigkeit

Fürsorge für die Mitarbeiter

Auseinandersetzung mit Ethik und Führungsstil

Soziale Kompetenzen

Führungsstil – autoritär

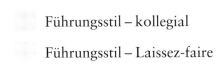

Führungsstil – kollegial

Führungsstil – Laissez-faire

MEINE ZIELE UND VISIONEN

BERUFLICHE ZIELE

1. Welche Ziele will ich in einem Jahr erreichen?

2. Welche Ziele will ich in drei Jahren erreichen?

3. Welche Ziele will ich in zehn Jahren erreichen?

PRIVATE ZIELE

1. Welche Ziele will ich in einem Jahr erreichen?

2. Welche Ziele will ich in drei Jahren erreichen?

3. Welche Ziele will ich in zehn Jahren erreichen?

MEIN UNTERSTÜTZUNGSSYSTEM

1. Wer glaubt an mich?

2. Wer kann mir Türen öffnen?

3. Wer steht mir bei Problemen zur Seite?

4. Wen kann ich bei Unsicherheiten fragen?

5. Wer macht mir Mut?

6. Bei wem kann ich mich ausweinen?

7. Wer versteht mich?

   Im Job

   Im Freundeskreis

   In der Familie

   Sonstige

WEITERE WICHTIGE INFORMATIONEN:

3.2.2 Bedürfnisinterview

ZIEL

Dieser Fragebogen unterstützt den Klienten dabei, seine Bedürfnisse zu erkunden.

MATERIAL

Bedürfnisinterview

EINFÜHRUNG

In den vielen Jahren meiner Coachingpraxis machte ich immer wieder die Erfahrung, dass sich viele meiner Klienten nicht besonders gut kennen. Aber wer sich nicht gut kennt, kennt auch nicht die eigenen Bedürfnisse. Und wer die eigenen Bedürfnisse nicht kennt, lebt unter Umständen auch nicht sein Leben.

BEISPIEL

Meine ehemalige Klientin Frau T., 52 Jahre, geschieden, kinderlos und leitende Angestellte einer Behörde, kam mit der Frage: Was will ich noch vom Leben? Sie war alleinstehend seit vielen Jahren und stellte zunehmend fest, dass sie einsam und frustriert war. Seit zwei Jahren hatte sie nicht mehr aktiv nach einem Partner gesucht und sich nur noch mehr in ihre Arbeit gestürzt. Ein halbes Jahr vor dem Coaching hatte Sie einen neuen Vorgesetzten bekommen, von dem sie sich nicht genügend wertgeschätzt fühlte. Ihr wurde bewusst, dass sowohl auf der privaten als auch auf der beruflichen Ebene einiges im Argen war. Sorgen machten ihr ihre zunehmende Antriebslosigkeit. Sie entzog sich immer mehr ihren sozialen Kontakten. Ein Gespräch mit ihrer besten Freundin war der Anstoß, Hilfe in Anspruch zu nehmen. Frau T. machte im Erstkontakt einen belasteten und traurigen Eindruck. Im Coaching lernte sie ihre Bedürfnisse besser kennen. Ich setzte insbesondere potenzial-fördernde Übungen ein. Die Außenperspektive der Fotografie öffnete ihre Wahrnehmung auf ihre eigenen Ressourcen. Wir erarbeiteten folgende Veränderungsschritte.

_ Frau T. nahm sich eine Auszeit und flog mit ihrer besten Freundin für zwei Wochen in die Karibik.

_ Sie gönnte sich eine Stilberatung und einige Neuerungen in ihrer Wohnung.

_ Sie meldete sich beim Yogakurs an.

_ Sie suchte eine Aussprache mit ihrem Chef.

Besonders beeindruckend war die folgende Entwicklung: Der vorher „ungeliebte Chef" wurde ihr Partner und späterer Ehemann. Um das Berufliche vom Privaten zu trennen, wechselte meine Klientin ihren Arbeitsplatz, mit dem Sie bis heute

sehr zufrieden ist. Das folgende Bedürfnisinterview brachte für meine Klientin wesentliche Erkenntnisse.

BEDÜRFNISINTERVIEW

Was ich am liebsten mag:

Lieblingsessen:

Lieblingsgetränk:

Lieblingskleidung:

Lieblingsfarbe:

Lieblingsort:

Lieblingsbuch:

Lieblingsfoto:

Lieblingsfilm:

Lieblingsbild:

Lieblingsauto :

Lieblingsschauspieler:

Lieblingstätigkeit:

Lieblingssituation:

Lieblingsfantasie:

Lieblingsvision:

Lieblingsziel:

Lieblingstier:

Lieblingspflanze:

Lieblingsblume:

Lieblingsmensch:

Lieblingsvorbild:

Lieblingskunstwerk:

Woran ich glaube:

Was mir Spaß macht:
    Im Beruf
    Freizeit
    Familie
    Freunde

Was mich glücklich macht:

Das wünsche ich mir in Zukunft:

3.2.3 Potenzialhaus

ZIEL

Das Tool zeigt umfassend das aktuelle Potenzial des Klienten auf. Es ist sinnvoll, das Potenzialhaus in gewissen Abständen für eine Bestandsaufnahme zu nutzen.

MATERIAL

Flipchart und/oder einen großen Papierbogen, Kamera, Symbole, Bilder, Postkarten

ZIELGRUPPE

Coachs

Psychologische Kenntnisse erforderlich

ZEITDAUER

120-180 Min.

EINFÜHRUNG

Die von mir eingesetzte Methode „Potenzialhaus" basiert auf den fünf Säulen der Identität und wurde von Hilarion Petzold entwickelt. Er ist einer der führenden Lehrtherapeuten am Fritz Perls Institut für Gestalttherapie/Integrative Therapie. Nach seinen Vorstellungen stützt sich unsere Identität auf folgende Träger:

_ Gesundheit von Körper und Geist

_ Soziales Netz/Beziehungen

_ Arbeit/Leistung/Erfahrung/Wissen

_ Materielle Sicherheit

_ Werte und Sinn

Ich sehe unsere Identität unter dem Aspekt Potenzial und begrenze mich bewusst auf die Ermittlung der positiven Aspekte.

ANLEITUNG
1. SCHRITT
Gesundheit von Körper und Geist
Was haben Sie im Verlauf Ihres Lebens herausgefunden, um gesund zu bleiben?
Was tut Ihrem Körper und Ihrer Seele gut?

2. SCHRITT
Soziales Netz/Beziehungen
Welche Beziehungen sind positiv, tragfähig, förderlich?

3. SCHRITT
Arbeit/Leistung/Erfahrung/Wissen
Auf welche Abschlüsse, Leistungen, Erfahrungen sind Sie stolz?
Worin sind Sie Experte?

4. SCHRITT
Materielle Sicherheit
Was besitzen Sie?
Was ist Ihr Eigentum?
Wer kann Sie finanziell in einer Notlage unterstützen?

5. SCHRITT
Werte und Sinn
Welche Werte sind für Sie förderlich?
Was motiviert Sie?
Was gibt Ihrem Leben einen Sinn?

Jede Säule des Potenzialhauses bekommt ein Foto, Bild, Postkarte oder Symbol zugeordnet, das die Inhalte der einzelnen Säule zusammenfasst.

3.2.4 Stärkenliste

ZIEL
Dieses Tool dient zur Erforschung und Verankerung von persönlichen Stärken.

MATERIAL
Stärkenliste, Fotos aus dem Coachingprozess, die Ihre Stärken visualisieren

ZIELGRUPPEN
Coachs, Coachinginteressierte

Geeignet für Selbstcoaching,
keine psychologischen Kenntnisse erforderlich

ZEITDAUER
ca. 90-120 Min.

EINFÜHRUNG

Wenn ich meine Kunden nach ihren Stärken frage, bekomme ich oft erst ein Schweigen als Reaktion. Nach einiger Bedenkzeit werden mir mit Mühe und Not zwei bis drei Begriffe für Stärken genannt. Oft mit dem Nachsatz, „das ist doch nichts Besonderes". Warum fällt es vielen Menschen so schwer, ihre Stärken zu benennen? Das alte Sprichwort „Eigenlob stinkt" ist immer noch wirkungsvoll. Menschen, die von sich überzeugt sind, werden oft als arrogant, selbstverliebt und unbescheiden wahrgenommen.
Eine defizitorientierte Haltung prägt uns oft schon in der Kindheit und macht es uns schwer, uns auf das Positive zu besinnen. Den meisten Menschen fehlen die Worte, um Stärken zu benennen.

Was sind denn eigentlich Stärken? Wir haben die Freiheit selbst zu entscheiden, was wir unter unseren Stärken verstehen. Meine persön- liche Definition ist sehr umfassend. Als Stärken bezeichne ich zunächst alle Fähigkeiten, die wir brauchen, um unseren Alltag gut zu bewältigen. Sie können davon ausgehen, dass Sie mindestens 120 Stärken und Fähigkeiten zur Verfügung haben, nur um diesen Anforderungen zu genügen. Hinzu kommen einzigartige persönliche Möglichkeiten wie besondere Talente und Begabungen im musischen, künstlerischen, mathematischen, sprachlichen Bereich sowie besondere Fachkenntnisse durch Berufsausbildung, Studium, Erfahrungen. Aussehen, Stil, Umgangsformen, Stimme und Sprache sind weitere Kriterien, die, wenn Sie sie bewusst und positiv nutzen, zu Stärken werden. Welche Stärken haben Sie? Ich habe es mir zur Aufgabe gemacht, Menschen auf ihrer Suche nach den eigenen Stärken zu unterstützen und habe mittlerweile etwa 200 Begriffe für die verschiedensten Stärken gesammelt, damit mir die Worte nicht ausgehen. Auch wenn manche ähnliche Fähigkeiten oder Nuancen von bestimmten Stärken beschreiben, ist es sinnvoll, diese zur Verfügung zu haben, denn gerade in den Feinheiten liegt die Individualität.

Jede Stärke kann auch zur Schwäche werden, wenn sie zu extrem ausgeprägt ist. Es kommt wie bei vielen Dingen auf das Maß an. Wir können auch nicht immer und zu jeder Zeit alle unsere Stärken nutzen. Wichtig ist, dass sie in unserem Repertoire vorhanden sind. Sehen Sie selbst, wie viele davon auf Sie zutreffen. Sie werden erstaunt sein.

ANLEITUNG
1. SCHRITT
Durchsuchen Sie die Stärkenliste nach den Begriffen, die am besten Ihre Stärken zum Ausdruck bringen. Prüfen Sie genau, welches Wort für Sie und Ihren Sprachgebrauch am besten passt. Dann können Sie diese in Kombination mit den Fotos am besten in Ihrem Gedächtnis verankern.

1. intelligent

2. witzig

3. hilfsbereit

4. freundlich

5. neugierig

6. sportlich

7. sprachgewandt

8. ehrgeizig

9. kreativ
10. selbstbewusst
11. visionär
12. nett
13. aktiv
14. lernfreudig
15. begeisterungsfähig
16. begabt
17. geschickt
18. lieb
19. sensibel
20. weltgewandt
21. fleißig
22. vielseitig
23. interessiert
24. sozial
25. charmant
26. verantwortungsbewusst
27. mutig
28. gut aussehend
29. kontaktfreudig
30. selbstständig
31. stark
32. zielstrebig
33. glaubwürdig
34. zuverlässig
35. aufmerksam
36. rücksichtsvoll
37. umsichtig
38. vernünftig
39. wissbegierig
40. diplomatisch
41. ehrlich
42. belastbar
43. gefühlvoll
44. liebevoll
45. kommunikativ
46. wahrhaftig

47. engagiert
48. ordentlich
49. auffassungsfähig
50. humorvoll
51. talentiert
52. großzügig
53. vertrauenswürdig
54. gelassen
55. lebendig
56. mitreißend
57. überzeugend
58. stilvoll
59. höflich
60. ausdrucksvoll
61. vorbildhaft
62. klug
63. taktvoll
64. beständig
65. lebensfroh
66. durchsetzungsfähig
67. klar
68. respektvoll
69. strukturiert
70. organisiert
71. planerisch
72. fröhlich
73. optimistisch
74. tapfer
75. galant
76. kompromissfähig
77. authentisch
78. gebildet
79. natürlich
80. souverän
81. in sich ruhend
82. wohlwollend
83. fokussiert
84. offen

85. innovativ

86. positiv

87. anstrengungsbereit

88. differenziert

89. reflektiert

90. tolerant

91. lustig

92. stilvoll

93. genießerisch

94. dankbar

95. gestaltungsfreudig

96. erfolgreich

97. erfahren

98. loyal

99. ganzheitlich

100. querdenkerisch

101. flexibel

102. anpassungsfähig

103. weise

104. glücklich

105. einfühlsam

106. kompetent

107. wertschätzend

108. zufrieden

109. genau

110. sorgfältig

111. sorgsam

112. gütig

113. spontan

114. willensstark

115. sprachbegabt

116. konsequent

117. hartnäckig

118. konfliktfähig

119. ausdauernd

120. lebendig

121. schön

122. empathisch

123. schnell

124. geduldig

125. glaubwürdig

126. tiefsinnig

127. verständnisvoll

128. fördernd

129. stolz

130. zufrieden

131. diszipliniert

132. unterstützend

133. frustrationstolerant

134. smart

135. sympathisch

136. kultiviert

137. verbindend

138. hoffnungsvoll

139. beweglich

140. scharfsinnig

141. analytisch

142. ausgeglichen

143. ausgleichend

144. beziehungsfähig

145. autark

146. selbstsicher

147. solidarisch

148. wandelbar

149. erfinderisch

150. kunstfertig

151. kritikfähig

152. gepflegt

153. fachkundig

154. gebildet

155. energievoll

156. leistungsfähig

157. konzentrationsfähig

158. aufrichtig

159. entwicklungsfreudig

160. friedfertig

161. gönnend	181. unkompliziert
162. veränderungsfähig	182. gradlinig
163. leidenschaftlich	183. seriös
164. sexy	184. sanftmütig
165. sinnlich	185. niveauvoll
166. partnerschaftlich	186. gerecht
167. teamfähig	187. realistisch
168. motiviert	188. genial
169. gesund	189. heldenhaft
170. selbstliebend	190. zärtlich
171. gefestigt	191. charismatisch
172. entspannt	192. führungsstark
173. krisenbewährt	193. integer
174. interessant	194. liebenswürdig
175. verführerisch	195. kongruent
176. fürsorglich	196. lustvoll
177. einfallsreich	197. routiniert
178. facettenreich	198. extravagant
179. idealistisch	199. großartig
180. solide	

2. SCHRITT
Ordnen Sie nun die Fotos, die Ihre Stärken abbilden,
den einzelnen Begriffen zu.

3.3 Stärken verankern

3.3.1 Stärkenkreis

ZIEL
Diese Übung dient zur Unterbrechung
von negativen Gedankenkreisläufen

MATERIAL
ein 5 Meter langes Seil, Karteikarten, Fotos aus dem Coachingprozess,
die die Stärken des Klienten abbilden

ZIELGRUPPE
Coachs

Psychologische Kenntnisse erforderlich

ZEITDAUER
60-90 Min.

EINFÜHRUNG

Kennen Sie auch negative Gedankenkreisläufe, aus denen man nur schwer wieder herauskommt? Oft nach Misserfolgen oder wenn einfach alles auf einmal schief läuft. Sie beginnen an sich zu zweifeln und haben manchmal das Gefühl, es hat sich alles gegen Sie verschworen. Selbst wenn Sie versuchen, ganz bewusst mit positiven Gedanken gegen zu steuern, will Ihnen gerade nichts gelingen. Das passiert auch bei Klienten im Coaching, die gerade einen Misserfolg eingesteckt haben. Sie beginnen an sich zu zweifeln und können ihre Stärken nicht mehr wahrnehmen und benennen. In diesem Fall hilft der Stärkenkreis, diese Dynamik zu unterbrechen und in die positive Richtung zu bringen.

ANLEITUNG

1. SCHRITT

Legen Sie dem Klienten einen Kreis mit dem Seil und lassen Sie ihn gegen den Uhrzeigersinn (negative Richtung) um den Kreis laufen und alle negativen Eigenschaften aufzählen

2. SCHRITT

Hat der Klient keine Argumente mehr für die negative Seite, so soll er an diesem Punkt des Kreises stehen bleiben.

3. SCHRITT

Lassen Sie nun Ihren Klienten die Richtung ändern und fordern Sie ihn dazu auf, seine Haltung aufzurichten und mit erhobenen Kopf zügig den Kreis entlang zu schreiten.

4. SCHRITT

Fordern Sie ihn nun auf, positive Eigenschaften aufzuzählen. Helfen Sie ihm etwas dabei, falls es für ihn besonders schwierig ist.

5. SCHRITT

Begleiten Sie jede benannte Stärke mit einem positiven Kommentar wie: „Ja, so ist es."

6. SCHRITT

Meistens steigert der Klient ganz automatisch seine Geschwindigkeit. Falls nicht, so fordern Sie ihn dazu auf noch schneller zu gehen und noch schneller seine Stärken laut und deutlich zu sagen.

7. SCHRITT

In der Regel funktioniert diese Intervention sehr gut. Schreiben Sie im Anschluss jede einzelne Stärke des Klienten auf kleine Kärtchen und legen diese entlang des Kreises. Ergänzen Sie diese mit Fotos, die die Stärken des Klienten aufzeigen.

8. SCHRITT

Nun lassen Sie den Klienten noch einmal ganz ruhig und genüsslich den Stärkenkreis im Uhrzeigersinn (positive Richtung) entlang laufen und seine Stärken laut und deutlich benennen.

3.3.2 Fantasiereisen

Fantasiereisen sind Reisen nach innen. Es sind Texte zum Vorlesen oder Anhören, die Entspannung, positive Gedanken und Gefühle vermitteln. Außerdem fördern sie Fantasie und Kreativität und helfen dabei, Stress abzubauen und das innere Gleichgewicht wiederherzustellen. Wer sich selbst einen Moment der Ruhe, Entspannung und des Abschaltens gönnen möchte, kann den Text lesen oder langsam und monoton gesprochen auf Tonband aufnehmen, beispielsweise einem Diktiergerät. Es sollte eine ruhige Situation nach Feierabend oder am Wochenende sein.

Da wir uns oft verbissen und ungeduldig an das Erreichen unserer Ziele machen, fehlt uns oft die nötige Gelassenheit. Die Vorstellung in positiven Bildern kann uns helfen, das Ziel entspannt anzugehen.

3.3.2.1 Reise an das nächste Ziel

ZIEL
Diese Übung dient zur positiven, entspannten Imagination des aktuellen Ziels

MATERIAL/RAHMENBEDINGUNG
bequemer Stuhl, Sessel

ZIELGRUPPEN
Coachs, Coachinginteressierte

Geeignet für Selbstcoaching, keine psychologischen Kenntnisse erforderlich, Kenntnisse mit projektiven Verfahren von Vorteil

ZEITDAUER
15-20 Min.

EINFÜHRUNG

„Think big" empfehle ich meinen Klienten, wenn es um Zielklärung geht, da ich immer wieder feststelle, dass viele schon im Kopf ihre Schere ansetzen. Warum eigentlich? Wer hat Ihnen eingetrichtert, dass Sie klein und bescheiden denken sollen? Welchen Sinn soll das machen? Aus meiner Sicht keinen. Also trauen Sie sich, groß zu denken. Entwickeln Sie Visionen, was Sie sich bestenfalls für sich und Ihr Leben vorstellen können. Nur wenn Sie eine Vorstellung davon haben, was wirklich möglich ist, können Sie es auch erreichen. Hätte es keine Visionäre gegeben, dann wären niemals Menschen auf dem Mond gelandet oder würden wir heute nicht mit einem Klick mit der gesamten Welt kommunizieren können.

ANLEITUNG

1. SCHRITT
Suchen Sie sich einen bequemen, ruhigen Platz. Stellen Sie beide Füße auf den Boden, um eine gute Bodenhaftung zu haben. Schließen Sie nun Ihre Augen. Atmen Sie mehrfach tief ein und aus und stellen sich dabei vor, dass alle Anspannungen und Belastungen mit dem Ausatmen herausfließen.

2. SCHRITT

Gehen Sie nun mit Ihren Gedanken an Ihren Lieblingsort, an dem Sie sich am sichersten und wohlsten fühlen. Lassen Sie die Bilder innerlich an sich vorbeiziehen und spüren Sie die positive Energie dieses Ortes. Fühlen Sie die angenehme Temperatur. Atmen Sie die Luft langsam ein und aus. Welche Gerüche sind mit diesem Ort verbunden? Welche Geschmackserlebnisse durften Sie hier genießen? Sie spüren eine innere Ruhe und Gelassenheit. Sie fühlen sich angenehm schwer und wohlig entspannt. Sie sind im Hier und Jetzt.

3. SCHRITT

Nun gehen Sie gedanklich in Ihre Zukunft. Lassen Sie in Ihrer Vorstellung Bilder wie Perlen auf einer Schnur genüsslich an sich vorbeiziehen. Ein Film, in dem Sie die Hauptrolle spielen. In dieser Rolle machen Sie sich auf den Weg zu Ihrem nächsten Ziel. Sie gehen einen Weg entlang und werden auf den verschiedenen Abschnitten von Personen begleitet. Diese kommen und gehen, so wie Sie sie gerade brauchen, um voran zu kommen. Wer sind diese Personen? Sie kommen an verschiedenen Orten vorbei und spüren mit jeder Etappe, dass Sie Ihrem Ziel näherkommen.

4. SCHRITT

Rasten Sie ruhig zwischendurch. Und spüren Sie, wie Kraft und Energie durch Sie hindurchströmen. Mit jedem Schritt wächst die Gewissheit, dass Sie sicher und entspannt Ihr Ziel erreichen werden. Auch wenn sich spannende neue Möglichkeiten auf dem Weg eröffnen, verlieren Sie nicht das Ziel aus den Augen. Dieser innere Kompass leitet Sie zum Ziel.

5. SCHRITT

Sie haben es geschafft. Sie sind am Ort Ihrer Vision angekommen. Nehmen Sie genau wahr, was an diesem Ort passiert. Wer ist dort? Wie fühlen Sie sich? Schauen Sie sich voller Stolz und Zufriedenheit um. Sie genießen das Geschaffte und wissen genau, womit Sie sich für diese Anstrengung belohnen werden.

6. SCHRITT

Mit der realen Belohnung geben Sie sich im Anschluss zeitnah einen Vertrauensvorschuss und besiegeln damit das Erreichen Ihres Ziels.

3.3.2.2 Fotoalbum des Glücks

ZIEL
Diese Fantasiereise soll Glücksmomente im Verlauf Ihres Lebens aktualisieren und fördert Ihr Bewusstsein für das, was Sie brauchen, um glücklich zu sein.

MATERIAL/RAHMENBEDINGUNG
bequemer Stuhl, Sessel

ZIELGRUPPEN
Coachs, Coachinginteressierte

Geeignet für Selbstcoaching, keine psychologischen Kenntnisse erforderlich, Kenntnisse mit projektiven Verfahren von Vorteil

ZEITDAUER
10-15 Min.

EINFÜHRUNG
Über das Thema Glück gibt es massenweise Publikationen. Unzählige Ratgeber versuchen Menschen darin zu unterstützen, ihr Glück zu finden. Viele haben für sich Erkenntnisse gewonnen, wie sie zu ihrem persönlichen Glück gelangen können. Doch lässt sich das auf andere übertragen? Ich denke, nur bedingt. Leider gibt es kein Rezept für das Glück jedes Einzelnen. Aber es gibt durchaus bewährte Zutaten, aus denen jeder gefordert ist, sich sein eigenes Rezept zu schaffen. Gesichert ist, dass wir Kontakt, Kommunikation und Erfolgserlebnisse als Hauptzutaten für unser Glück benötigen. Die Gewürze sind jedoch sehr individuell.

Wie viele Glücksmomente können Sie spontan aufzählen? Erwischen Sie sich auch dabei, dass Ihnen erst nach einiger Zeit ein paar wenige einfallen?

Mich macht es immer wieder traurig und betroffen, wenn ich von meinen Klienten zu hören bekomme, dass Sie keine Stärken bei sich sehen oder noch nichts oder zu wenig in ihrem Leben bewusst als Leistung verbuchen und noch nie in ihrem Leben wirklich glücklich waren. Warum fällt es diesen Menschen so schwer, ihren Fokus auf das Positive zu legen? Sie sind häufig Opfer ihrer eigenen überhöhten Ansprüche. Manchmal verspüre ich den Wunsch, solche Personen sanft aber entschieden zu schütteln, damit sie aufwachen und erkennen, was sie sich damit antun.

Ich habe mich an einem Punkt in meinem Leben dazu entschlossen, mich auf das Positive zu fokussieren, und erlebe täglich, wie gut mir das tut. Die kleinen Geschenke des Lebens, so klein sie auch sein mögen, verdienen genauso Aufmerksamkeit und Anerkennung wie große Geschenke. Es gilt also eine aktive Entscheidung dafür zu treffen und das Bewusstsein zu schulen. Jedes unserer glücklichen Erlebnisse ist auch in Bildern in unserem Gedächtnis dokumentiert. Wir können wie in einem Fotoalbum blättern, um uns an diesen Erinnerungen zu stärken und zu erfreuen.

ANLEITUNG

1. SCHRITT

Suchen Sie sich einen bequemen, ruhigen Platz. Stellen Sie beide Füße auf den Boden, um eine gute Bodenhaftung zu haben. Schließen Sie nun Ihre Augen. Atmen Sie mehrfach tief ein und aus und stellen sich dabei vor, dass alle Anspannung und belastende Gedanken aus Ihnen heraus fließen.

2. SCHRITT

Schauen Sie in Ihr Inneres und öffnen Sie Ihre Augen für das wunderbare Fotoalbum Ihres Glücks.

3. SCHRITT

Schlagen Sie diese Kostbarkeit auf und gehen gedanklich an den Punkt zurück, wo Sie Ihren allerersten Glücksmoment hatten. Nehmen Sie wahr, welche Momentaufnahme für Sie sichtbar wird. Aus welcher Zeit stammt diese Aufnahme? Sind Sie, andere Personen, eine Landschaft, ein Raum abgebildet? Welche positive Atmosphäre vermittelt das Foto?

4. SCHRITT

Lassen Sie weitere Bilder dieser Situation wie einen kleinen Film innerlich vorbeiziehen und spüren Sie nach, wie glücklich Sie sich gefühlt haben.

5. SCHRITT

Lassen Sie die Freude wie warmes Wasser und Sonnenstrahlen durch Ihren ganzen Körper fließen. Genießen Sie die Wärme und das Licht.

6. SCHRITT

Schlagen Sie ein weiteres Bild aus einer anderen Lebensphase auf und nehmen Sie wahr und vergleichen diesen Glücksmoment mit dem ersten. Was hat Sie in dieser Situation besonders glücklich gemacht? Wodurch wurde dies möglich. Was haben Sie alles dafür getan. Hatten Sie Unterstützung?

7. SCHRITT

Gehen Sie nun gedanklich in die Zukunft und machen ein Foto Ihres nächsten Erfolgs. Kleben Sie es mit Sorgfalt in Ihr wunderbares Fotoalbum des Lebens. Welche Schritte werden Sie tun? Wann, wo mit wem wird diese Situation stattfinden? Wie werden Sie sich fühlen? Und genießen Sie diese Vorstellung mit der Gewissheit, dass Sie es erleben werden.

3.3.2.4 Der Diamant

ZIEL
Diese Fantasiereise hat das Ziel, das Bewusstsein für Stärken und Potenziale zu verankern.

MATERIAL/RAHMENBEDINGUNG
bequemer Stuhl, Sessel

ZIELGRUPPEN
Coachs, Coachinginteressierte

Geeignet für Selbstcoaching,
keine psychologischen Kenntnisse erforderlich

ZEITDAUER
10-15 Min.

EINFÜHRUNG

„Sie sind facettenreich, einzigartig, wertvoll und schön." Mit diesem Satz bekommen meine Klienten nach der Diamantübung einen Glasdiamanten überreicht. Er soll sie an diese Übung erinnern und sie auch in

Zukunft dazu bringen, die Übung in regelmäßigen Abständen zu nutzen. Ein Klient sagte nach der Übung: „Es war für mich ein Schlüsselerlebnis. Ich habe das erste Mal in meinem Leben Stolz auf mich selbst empfunden. Es war ein warmes Glücksgefühl, das meinen ganzen Körper durchströmte."

ANLEITUNG

1. SCHRITT

Suchen Sie sich einen bequemen, ruhigen Platz. Stellen Sie beide Füße auf den Boden, um eine gute Bodenhaftung zu haben. Legen Sie den Diamant in Ihre beiden Hände. Schließen Sie nun Ihre Augen. Atmen Sie mehrfach tief ein und aus und stellen sich dabei vor, dass alle Anspannungen und Belastungen mit dem Ausatmen heraus fließen.

2. SCHRITT

Nun erkunden Sie mit Ihren Händen den Glasdiamanten. Spüren Sie die Form, die Festigkeit des Materials, die glatte Oberfläche, die Facetten und das Gewicht nach.

3. SCHRITT

Werden Sie sich bewusst, dass Sie selbst ein Diamant sind. Denn auch wir werden vom Leben geschliffen und bekommen dadurch immer mehr Facetten, die uns reich an Wissen und Erfahrungen machen. Erspüren Sie mit einem Finger nun eine Facette des Diamanten. Diese Facette ist eine von vielen Stärken. Schauen Sie mit Ihren inneren Augen diese Facette an und benennen diese Stärke. Erinnern Sie sich, wie Sie zu dieser Stärke gelangt sind, wie lange sie Ihnen schon zur Verfügung steht und in welcher Situation Sie diese Stärke zum letzten Mal eingesetzt haben. Danken Sie für diese Stärke.

4. SCHRITT

Wandern Sie nun weiter zur nächsten Facette und sehen Sie sich eine weitere Stärke genauer an. Spüren Sie nach, wie es sich anfühlt, diese Stärke zu besitzen. Was Sie alles dafür getan haben, um sie zu erlangen und weiter zu entwickeln. Werden Sie sich bewusst, dass alle weiteren Facetten Ihre Stärken symbolisieren und beständig neue Facetten hinzugelangen werden.

5. SCHRITT

Sein Sie stolz darauf und seien Sie sich sicher, dass Sie auf diese Stärken immer vertrauen können. Niemand kann Ihnen Ihre Stärken nehmen. Sie sind wie der Diamant unzerstörbar und verlieren niemals an Wert. Genießen Sie, so lange Sie wollen, diese Übung.

6. SCHRITT

Wenn Sie die Augen wieder geöffnet haben, schauen Sie noch eine Weile den Diamanten an, um das Bild in Ihrem Inneren zu verankern.

3.3.2.4 Die Schatztruhe

ZIEL
Diese Fantasiereise hat das Ziel, das Bewusstsein für Stärken und Potenziale zu verankern.

MATERIAL/RAHMENBEDINGUNG
bequemer Stuhl, Sessel

ZIELGRUPPEN
Coachs, Coachinginteressierte

Geeignet für Selbstcoaching,
keine psychologischen Kenntnisse erforderlich

ZEITDAUER
10-15 Min.

EINFÜHRUNG

Ich bin der Überzeugung, dass jeder Mensch eine prallgefüllte Schatzkiste mit Fähigkeiten, Stärken, Wissen und Erfahrungen in sich trägt. Schätze sind oft vergraben oder in tiefen Höhlen verborgen. Sie müssen gesucht und gefunden werden. Viele Geschichten handeln von der Schatzsuche. Edelsteine, Gold und Silber sind meistens der Lohn und versprechen dem Finder Reichtum und Ehre. Schatzsuchern scheuen weder Kosten noch Mühe und riskieren oft ihr Leben. Dabei ist das gar nicht nötig. Denn der größte Schatz sind wir selbst. Diesen gilt es zu entdecken und zu heben. Wunderbar, dass uns diesen Schatz niemand nehmen kann. Er ist untrennbar mit uns verbunden und für andere völlig wertlos.

ANLEITUNG

1. SCHRITT

Suchen Sie sich einen bequemen, ruhigen Platz. Stellen Sie beide Füße auf den Boden, um eine gute Bodenhaftung zu haben. Schließen sie nun Ihre Augen. Atmen Sie mehrfach tief ein und aus und stellen sich dabei vor, dass alle Anspannungen und Belastungen mit dem Ausatem heraus fließt.

2. SCHRITT

Gehen Sie nun mit Ihrer Aufmerksamkeit in die Körpermitte. Sie ist eine gut geschützte, warme Höhle.

3. SCHRITT

In dieser Höhle ist Ihre Schatzkiste verborgen. Sie erstrahlt im weichen Kerzenlicht. Sehen Sie das Funkeln und Leuchten des edlen Materials.

4. SCHRITT

Öffnen Sie nun den Deckel und schauen mit Bewunderung und Stolz auf die vielen Kostbarkeiten.

5. SCHRITT

Machen Sie sich bewusst, dass dies alles Ihnen gehört. Nun schauen Sie genauer hin und nehmen eins Ihrer Besitztümer heraus. Wie ist diese Kostbarkeit in Ihren Besitz gelangt? Ist es eine Ihrer Stärken, Fähigkeiten oder Erfahrungen?

6. SCHRITT

Forschen Sie in Ruhe nach und erinnern Sie sich an die Details der Geschichte, die Sie mit dieser Kostbarkeit verbindet.

7. SCHRITT

Nehmen Sie noch einige Dinge heraus und entdecken Sie neu den unschätzbaren Wert. Schöpfen Sie aus Ihrer Schatzkiste, so lange Sie wollen.

8. SCHRITT

Wenn Sie die Augen wieder geöffnet haben, lassen Sie die Bilder Ihrer Kostbarkeiten noch einige Minuten nachwirken, um sie in Ihrem Inneren zu verankern.

3.4 Motivationstools

Ziele zu klären ist das eine, den „richtigen Weg" zum Ziel zu finden das andere. Um den bestmöglichen Weg zu gehen, sollten die Schritte möglichst klar konkretisiert werden. Sie planen zum Beispiel einen Karrieresprung. Dann ist es wichtig zu wissen, wen oder was Sie dafür brauchen. Vielleicht einen Coach, den Ehepartner, den Vorgesetzten, Kollegen oder eine Fortbildungen, einen Wohnortwechsel, gute Englischkenntnisse, ein anderes Styling. Das folgende Tool hat als Grundlage ein klares Zeitmanagement und ein Verstärkungsprogramm.

Nichts motiviert uns mehr als unsere Erfolge. „Holzhacken ist deshalb so beliebt, weil man bei dieser Tätigkeit sofort den Erfolg sieht", sagte Albert Einstein. Das heißt, Erfolg ist erst ein Erfolg, wenn sichtbare oder messbare Ergebnisse wahrnehmbar sind. Ist das so? Was definieren Sie für sich als Erfolg? Bringt Sie diese Frage ins Schleudern? Keine Sorge, wir alle haben die Freiheit, unsere Erfolge selbst zu definieren. Auf die kleinen Dinge kommt es an. Was schaffen Sie tagtäglich, ohne es noch als Erfolg wahrzunehmen? Was haben Sie gut gemacht? Wofür wurden Sie gelobt? Worauf sind Sie stolz? Also wie könnten Sie Ihre Wahrnehmung lenken, so dass Ihre Erfolge spürbar mehr werden?

3.4.1 Motivationsbilder

ZIEL
Dieses Tool unterstützt die Art und Weise,
wie Sie Ihre Ziele erreichen wollen.

MATERIAL
Kamera

ZIELGRUPPEN
Coachs, Coachinginteressierte

Geeignet für Selbstcoaching,
keine psychologische Kenntnisse erforderlich

ZEITDAUER:
unbegrenzt

1. SCHRITT

Überlegen Sie sich Symbole oder auch Bildergeschichten für Ihre geplanten Schritte, die den Idealweg am besten visualisieren.

2. SCHRITT

Setzen Sie sich Zeitpunkte, in denen Sie die verschiedenen Schritte bewältigen wollen.

3. SCHRITT

Berücksichtigen Sie beim Fotografieren der Motive die Schrittfolgen und bringen Sie die Fotos an Stellen an, die Sie täglich durchlaufen.

4. SCHRITT

Haben Sie einen Schritt vollzogen, dann entfernen Sie das entsprechende Foto und zerreißen es genüsslich. Das haben Sie geschafft.

3.4.2 Erfolgskiste

ZIEL

Dieses Tool dient dazu, Ihre Wahrnehmung für Ihre Erfolge zu schulen.

MATERIAL

Schuhkarton, Holzkiste oder Ähnliches, Kamera

ZIELGRUPPEN

Coachs, Coachinginteressierte

Geeignet für Selbstcoaching,
keine psychologischen Kenntnisse erforderlich

ZEITDAUER

täglich 5 Min. oder wöchentlich 15 Min.

ANLEITUNG

1. SCHRITT

Besorgen Sie sich einen schönen Karton oder eine Kiste.

2. SCHRITT

Verzieren Sie diese Kiste nach Ihrem Geschmack und schreiben Sie gut sichtbar darauf „Meine Erfolge".

3. SCHRITT

Nehmen Sie sich entweder täglich 5 Minuten oder ein Mal in der Woche 15 Minuten Zeit und schreiben alle Erfolge auf, die Sie in der Zeit hatten.

4. SCHRITT

Schreiben Sie jeden Erfolg auf ein einzelnes Kärtchen mit Datum versehen und legen Sie es in Ihre Erfolgskiste.

5. SCHRITT

Ein Mal im Monat nehmen Sie sich 30 Minuten Zeit und lesen alle vorhandenen Kärtchen in Ruhe. Um die Wirkung zu verstärken, können Sie ab einer größeren Anzahl von Karten diese wie ein Pfad auf den Boden legen und Ihren Erfolgspfad entlanggehen.

6. SCHRITT

Im Anschluss an diese Übung belohnen Sie sich mit etwas, was ihnen Spaß macht. Zum Beispiel einem Entspannungsbad, einem tollen Essen oder einem Kinobesuch.

7. SCHRITT

Am Ende des Jahres nehmen Sie sich eineinhalb Stunden Zeit für ein ausführliches Ritual. Breiten Sie alle Ihre Erfolgskarten vor sich aus und lesen Sie jede einzelne Karte.

8. SCHRITT

Resümieren Sie das zu Ende gehende Jahr und überlegen Sie sich ein bildhaftes Symbol für die Summe Ihrer Jahreserfolge. Dieses Symbol halten Sie mit einem Foto fest und gebe dem Bild einen positiven Titel. Anschließend legen sie es zu allen vorhandenen Karten in Ihre Erfolgskiste.

9. SCHRITT

Nehmen Sie sich ein Blatt Papier und schreiben Sie auf, welche Erfolge Sie im nächsten Jahr anstreben. Legen Sie auch diese Liste in die Erfolgskiste und nehmen Sie auch dies als Erinnerungshilfe immer wieder hervor. Besonders effektiv ist die Erfolgskiste, wenn Sie regelmäßig wichtige symbolträchtige Fotos machen, die Ihre Erfolgswahrnehmung verstärken. Zum Beispiel Dokumentationen von erfolgsfördernden Rahmenbedingungen, festgehalten als Symbole, Porträts von Menschen, die Sie loben und unterstützen. Auch diese Bilder gehören in die Erfolgskiste und sollen regelmäßig Ihre Aufmerksamkeit bekommen.

3.5 Biografie-Tools

3.5.1 Familienalbum in der Reflexion

ZIEL
Dieses Tool dient zur Fokussierung auf die positiven Beziehungserfahrungen des Klienten in seiner Herkunftsfamilie.

MATERIAL
Familienalben

ZIELGRUPPE
Coachs

Nicht geeignet für Selbstcoaching, psychologische Kenntnisse und Erfahrung mit Biografiearbeit erforderlich. Für Klienten mit traumatischen und sehr negativen Erfahrungen in der Familie nicht geeignet.

ZEITDAUER
90-120 Min.

EINFÜHRUNG
Wie oft betrachten Sie Familienalben? Woran erinnern Sie sich am meisten? Wer hat die Fotos gemacht? Welcher Anlass oder welches Ereignis war ein Foto wert? Die Antworten auf diese Fragen sagen sehr viel über Ihre Erfahrungen in der Familie aus. Die Familie ist das Beziehungssystem, das uns am meisten prägt. Viele unserer Werte und Vorstellungen orientieren sich im Positiven wie im Negativen an unseren Großeltern, Eltern und Geschwistern.

Der Fokus bei „Familienalben in der Reflexion" richtet sich auf positive Beziehungserfahrungen in der Herkunftsfamilie. Das ist besonders wichtig, weil meine Erfahrung zeigt, dass viele Klienten bis heute mit Kindheitserfahrungen in der Herkunftsfamilie hadern. Längst vergangene Konflikte und Verletzungen können nicht ad acta gelegt werden. Sie belasten und verhindern Wachstum. Daher ist es wichtig diese loszulassen. Ich kann aus eigener Erfahrung sagen, dass das nicht immer leicht ist. Und manchmal sind dem Loslassen auch Grenzen gesetzt. Umso wichtiger ist, seine Fähigkeit, sich auf das Positive zu konzentrieren, in allen Bereichen so weit wie möglich auszuprägen.

ANLEITUNG

1. SCHRITT

Betrachten Sie das Familienalbum unter folgenden Fragestellungen:

_ Welches Foto zeigt Ihr schönstes Erlebnis in der Familie?

_ Zu welchem Familienmitglied hatten Sie die beste Beziehung?

_ Wer hat sich besonders um Sie gekümmert?

_ Mit wem haben Sie sich am wohlsten gefühlt?

_ Wer hat Sie unterstützt?

_ Wer hat für Ihre gute Stimmung in der Familie gesorgt?

_ Welche positiven Vermächtnisse beeinflussen Ihr heutiges Leben?

_ Mit wem haben Sie sich versöhnt?

2. SCHRITT

Schreiben Sie die Antworten auf und überlegen Sie sich für jede dieser Antworten ein bildhaftes Symbol.

3. SCHRITT

Fotografieren Sie diese Symbole und kleben Sie diese in das bestehende Fotoalbum oder legen Sie ein neues Fotoalbum dafür an.

4. SCHRITT

Nehmen Sie regelmäßig dieses Album zur Hand und schauen es in Ruhe an, um sich an die positiven Erlebnisse aus Ihrer Familiengeschichte zu erinnern.

3.5.2 Visuelle Lebenslinie

ZIEL

Dieses Tool dient zur Identitätsfindung und zum Präsentmachen von positiven Lebenserfahrungen.

MATERIAL

Ein ca. 5 Meter langes Seil und Fotos, die den Klienten in verschiedenen Lebensphasen abbilden, beginnend mit der Geburt.

ZIELGRUPPE

Coachs

Nicht geeignet für Selbstcoaching, psychologische Kenntnisse und Erfahrung mit Biografiearbeit erforderlich. Für Klienten mit traumatischen und sehr negativen Erfahrungen in der Familie nicht geeignet.

ZEITDAUER

90-120 Min.

EINFÜHRUNG

Biografiearbeit ist ein fester Bestandteil in der systemischen Beratung/ Therapie. Sie hilft die eigenen Entwicklungen besser zu verstehen und belastende Erfahrungen zu verarbeiten und abzuschließen. Im Coaching sollten sie nur soweit bearbeitet werden, wie es für den Coachingprozess förderlich ist. Dies ist oft eine Gratwanderung, da durch die Beschäftigung mit der eigenen Lebensgeschichte auch schmerzliche Erinnerungen wach werden können. Mein Fokus in der Arbeit mit meinen Klienten richtet sich daher bewusst auf die positiven Erinnerungen. In der Biografiearbeit integriere ich auch immer einen Blick in die Zukunft. Diese ressourcenorientierte Herangehensweise bringt oft vergessene, schöne und angenehme Erfahrungen zu Tage. So kann der Klient bestenfalls ein positives Resümee seines bisherigen Lebens ziehen. Meine Erfahrung zeigt, dass auch die Fotos der verschiedenen Lebensphasen meistens positive Situationen wie zum Beispiel von Urlaubsorten, Feiern abbildet. Auch wichtige Ereignisse wie Geburt, Kindergarteneintritt, Einschulung, Klassenfahrten, Abiturfeier, Hochzeiten, sind meistens dokumentiert. Ich erlebe häufig, wie meine Klienten nach anfänglichem Zögern gerne Geschichten aus ihrem Leben erzählen. Es ist sehr spannend, mit der heutigen Persönlichkeitsreife Vergangenes mit einem anderen Blick zu betrachten. Das Bewusstsein dafür zu entwickeln, dass dieser gesamte Hintergrund uns zu dem gemacht hat, was wir heute sind. Es ist die wichtige Spurensuche nach der eigenen Identität.

ANLEITUNG

1. SCHRITT
Legen Sie das Seil, das Symbol für Ihre Lebenslinie, auf den Boden.

2. SCHRITT
Legen Sie an das linke Ende des Seils das früheste Foto Ihrer Person. Erinnern Sie sich an den Ort, an dem Sie geboren wurden und schätzen Sie ungefähr ein, wie alt sie auf dem Foto waren. Erzählen Sie eine positive, lustige Geschichte, die Ihnen aus dieser Zeit übermittelt wurde.

3. SCHRITT
Gehen Sie nun Schritt für Schritt chronologisch die verschiedenen Lebensphasen durch. Legen Sie zu jeder dieser Phasen ein Foto auf die Lebenslinie. Und erzählen Sie auch da ein besonders schönes Erlebnis aus dieser Zeit.

4. SCHRITT
Benennen Sie mindestens einen Faktor aus jeder Lebensphase, der Sie im positivem Sinne zu dem gemacht hat, was Sie heute sind.

5. SCHRITT
Gehen Sie nun gedanklich in die Zukunft und überlegen Sie sich eine Geschichte, in der Sie sich und Ihre Zukunft so gestalten können, wie Sie sich das bestenfalls wünschen.

6. SCHRITT
Anschließend gestalten Sie ein Fotomotiv, das diese Wunsch- Vision symbolisiert.

7. SCHRITT
Schreiten Sie zum Schluss langsam und bewusst Ihre visuelle Lebenslinie entlang und bedanken sich für Ihre wertvollen Erfahrungen.

3.6 Spiegelübungen

Spiegelübungen dienen zum Erkunden und Selbsterkennen der eigenen Persönlichkeit und sind eine wichtige Vorbereitung für die Arbeit mit dem Medium Fotografie. Die Auseinandersetzung mit den Spiegelbildern ist sehr wichtig, damit der Klient im Photoprofiling sich selbst besser kennen lernt. Ein weiteres Ziel ist die Schulung der positiven Selbstwahrnehmung.

Manche Übungen erfordern keine psychologischen Kenntnisse vom Coach, bei vielen werden diese jedoch vorausgesetzt. Prüfen Sie bitte daher genau, ob die Anforderungen Ihren Qualifikationen entsprechen.

Bei den Tools, die auch für das Selbstcoaching geeignet sind, achten Sie bitte auf unangenehme Gefühle in der Konfrontation mit den Selbstbildern. Das ist zu Beginn nicht selten der Fall. Sollten sie anhalten, können diese Gefühle Anzeichen für alte oder aktuelle innere Konflikte, ein negatives Selbstbild oder für eine momentane Überbelastung sein. Es ist ratsam, einen anderen Zeitpunkt zu wählen oder die Begleitung eines erfahrenen Coachs zu suchen.

Kennen Sie das? Wenn Sie sich im Spiegel betrachten, schauen Sie sich meistens kritisch an. Sitzt die Frisur, habe ich Ränder unter den Augen, sind Flecken in der Kleidung? Der Spiegel dient uns oft als Kontrollinstanz und soll uns aufzeigen, ob alles in Ordnung ist. Diese täglichen Handlungen sind automatisiert und unbewusst. Viele Menschen nehmen sich nur Zeit, in die müden Augen zu schauen, wenn sie gerade aufgestanden sind oder sich bettfertig machen. Wahrlich keine vorteilhaften Momente. Die Vielfalt unserer Persönlichkeit bekommt wenig Raum in dieser Betrachtung. Die Folge ist eine sehr eingeschränkte Sicht auf unsere Person. Aber wir können uns nicht den ganzen Tag im Spiegel betrachten. So sind wir auf die Rückmeldungen anderer angewiesen, um unser Selbstbild mit dem Fremdbild abzugleichen. Gerade darum kann uns die regelmäßige Konfrontation mit dem Spiegelbild wertvolle Informationen über uns selbst geben.

Ich konnte mich in den ersten 30 Jahren meines Lebens nicht positiv im Spiegel betrachten. Erst durch Krisen, Selbstreflexion, Inanspruchnahme von Beratung und daraus resultierenden Erkenntnissen gelang es mir nach und nach, positive Selbstbilder aufzubauen. Mir wurde bewusst, dass alles davon abhängt, wie wir uns und unsere Welt betrachten und bewerten. Das berühmte Beispiel mit dem halb vollen oder halb leeren Glas verdeutlicht das sehr gut. Meine wichtigste Erkenntnis ist, dass wir unsere Werte und unsere Wahrnehmung beeinflussen können. Das bietet uns wunderbare Freiheit der Gestaltung unserer Wirklichkeit.

Ich kann heute ohne Einschränkung sagen, dass ich mich gerne im Spiegel betrachte. Vielen meiner Klienten fällt es dagegen sehr schwer. Sie sind auf der Suche nach Antworten auf folgende Fragen: Wer bin ich? Was will ich? Was sind meine Stärken? Wie wirke ich auf andere? Was brauche ich, um glücklich zu sein? Dadurch wird mir immer wieder deutlich, dass viele meiner Klienten sich selbst wenig kennen und damit auch ihre Bedürfnisse nicht benennen können. In der Arbeit mit dem Spiegel ergründen wir die Ursachen für die Problematik.

Auch Fotos halten uns den Spiegel vor. Die Konfrontation mit dem fotografischen Abbild der eigenen Person ist oft unangenehm. Kennen Sie es auch, dass Sie sich auf den meisten Fotos nicht gefallen? Durch die ungewohnte Außensicht auf sich selbst empfinden wir automatisch ein Fremdheitsgefühl. Gehören Sie zu den kritischen Betrachtern, dann fokussieren Sie sich automatisch auf die Aspekte Ihrer Person, die Ihnen nicht gefallen. Das haben Sie jahrelang mit dem kritischen Blick in den Spiegel geübt. Sie setzen die „Defizitbrille" auf und sehen das, was Sie eigentlich nicht sehen wollen. Frustration und Unzufriedenheit macht sich breit. Sie meiden daher die Kamera, wo Sie nur können. Und wenn es sich nicht vermeiden lässt, dann möchten Sie es so schnell wie möglich hinter sich bringen. Dass Sie sich nicht wohl gefühlt haben, kann jeder Betrachter auf dem Foto sofort erkennen. Dies macht natürlich keinen vorteilhaften Ausdruck. So schließt sich der Kreis. Schade. Denn Sie vermeiden auch eine tolle Möglichkeit, sich durch die Außenperspektive des Spiegels und der Fotografie immer mehr als Gesamtperson kennen zu lernen. Macht es Ihnen Spaß, sich vor der Kamera zu präsentieren, bekommen Sie auch die vorteilhaften Seiten auf das Foto gebannt. Ein Menschen, der sich selbst liebt und sich wohlfühlt, hat eine positive Ausstrahlung, ist authentisch, interessant, mitreißend und schön.

Die Spiegelübungen haben das Ziel, Sie zu ermutigen, sich auf die spannende Reise der Selbstfindung zu machen. So können Sie Ihre Einzigartigkeit, Ihren Facettenreichtum, Ihre Stärken und Ihre Schönheit entdecken. Sie sollen sich bewusst werden, dass Sie eine wertvolle Person sind.

GRUNDANWEISUNGEN FÜR ALLE SPIEGELÜBUNGEN

Sie benötigen einen großen Spiegel, in dem Sie sich als gesamte Person sehen können. Stehen Sie am besten barfuß oder auf Socken, um die Festigkeit und Tragfähigkeit des Bodens unter sich zu spüren. Das gibt Ihnen einen besseren Halt. Es ist wichtig, sich Rahmenbedingungen zu schaffen, in denen Sie ungestört sind, um die Wirkung der Übungen nachspüren und reflektieren zu können.

Beginnen Sie jede Übung mit einem Begrüßungsritual. Das fördert Ihre Konzentration und stimmt Sie positiv auf sich selbst ein. Entwickeln Sie am besten ein eigenes verbales oder nonverbales Ritual, das Ihnen entspricht. Es sollte liebevoll, offen, aufmerksam und respektvoll sein. Hier einige Vorschläge:

_ Guten Tag. Schön mich zu sehen!

_ Wie geht es mir heute?

_ Kusshand zuwerfen

_ Hand aufs Herz

_ Tiefer Blick in die Augen

_ Eine tiefe Verbeugung vor sich selbst

3.6.1 Wertungsfreies Wahrnehmen

ZIEL
Diese Spiegelübung trainiert Ihre wertungsfreie Wahrnehmung.

MATERIAL
Spiegel

ZIELGRUPPEN
Coachs, Coachinginteressierte

Geeignet für Selbstcoaching,
keine psychologischen Kenntnisse erforderlich

ZEITDAUER
5-10 Min.

EINFÜHRUNG

Wir bewerten ständig und oft unbewusst auf dem Hintergrund unseres Wertesystems. Bewerten ist wichtig und gut. Es hilft uns, in der Flut unseres komplexen Lebens nicht unterzugehen und Menschen, Situationen und Erfahrungen einzuordnen. Problematisch wird Bewertung, wenn sie in Abwertung, Ausgrenzung oder gar Gewalt endet. Wir brauchen Werte, die uns nicht geißeln oder Scheuklappen aufsetzen, daher sollten sie immer wieder überprüft werden, um Starrheit und Engstirnigkeit zu vermeiden. Machen Sie die folgende Übung regelmäßig und Sie werden feststellen, dass Sie sich und Ihre Mitmenschen wertungsfreier betrachten werden.

ANLEITUNG

1. SCHRITT
Stellen Sie sich vor, Ihr Spiegelbild ist eine Person, die Sie zum ersten Mal sehen.

2. SCHRITT
Beschreiben Sie so objektiv wie möglich die „unbekannte" Person im Spiegel. Beginnen Sie beispielsweise mit einem Satz wie: „Ich sehe eine männliche Person, Alter 35-40, Größe ca. 175 cm, braune Haare, blaue Augen, ca. 85 kg Körpergewicht, blauer Anzug, weißes Hemd, rote Krawatte, schwarze Schuhe.

3. SCHRITT

Wenn Sie anfangen zu bewerten, („hässliche Krawatte, dicker Bauch, zu kurze Beine"), dann schließen Sie kurz die Augen und beginnen von vorne.

3.6.2 Positive (Selbst)-Wahrnehmung

ZIEL
Diese Spiegelübung trainiert Ihre positive Selbstwahrnehmung und führt dazu, dass Sie auch andere Personen positiv wahrnehmen können.

MATERIAL
Spiegel

ZIELGRUPPEN
Coachs, Coachinginteressierte

Geeignet für Selbstcoaching,
keine psychologischen Kenntnisse erforderlich

ZEITDAUER
5-10 Min.

EINFÜHRUNG

Unsere sechs Sinne ermöglichen uns, Informationen unbewusst oder bewusst aufzunehmen und Sie mit unseren gespeicherten Konstrukten und Schemata abzugleichen. Aus der Psychologie kennen wir die Begriffe Selbst- und Fremdwahrnehmung. Die Selbstwahrnehmung beinhaltet unsere Überzeugungen, die wir von uns selbst beziehungsweise unserem Empfinden und Verhalten haben, während Fremdwahrnehmung die Eindrücke bezeichnet, die andere von uns gewonnen haben.

Nichts lässt sich bei einem gesunden Menschen besser beeinflussen als die Wahrnehmung. Wir haben es also in der Hand zu entscheiden, worauf wir unsere Wahrnehmung richten. Die folgende Übung hat das Ziel, Ihre positive Wahrnehmung zu trainieren.

ANLEITUNG

1. SCHRITT

Lenken Sie Ihre Wahrnehmung bewusst auf die positiven Aspekte Ihrer Person.

2. SCHRITT

Schauen Sie auch auf kleinste Details.

3. SCHRITT

Sagen Sie zu Ihrem Spiegelbild: Was ich an mir gut finde/mag/schätze/liebe, sind zum Beispiel meine tiefblauen Augen, meine schönen Füße, meine gepflegten Hände, mein eleganter Kleidungsstil.

3.6.3 Kleidung und Stil

ZIEL

Diese Spiegelübung soll Ihr Bewusstsein dafür schulen, dass die Kleidung und der Stil wichtige Faktoren für die Gestaltung der eigenen Persönlichkeit sind.

MATERIAL

Spiegel, verschiedene Kleidungsstücke

ZIELGRUPPEN

Coachs, Coachinginteressierte

Geeignet für Selbstcoaching,
keine psychologischen Kenntnisse erforderlich

ZEITDAUER

15-45 Min.

EINFÜHRUNG

Unsere Kleidung und unser Stil sagen sehr viel über unsere Persönlichkeit aus. Das ist vielen Menschen zwar bewusst, aber diesem Wissen Rechnung zu tragen ist scheinbar nicht so einfach. Viele Berufe und Positionen haben Dresscodes. Aus Unsicherheit und Unreflektiertheit lassen sich viele Menschen davon diktieren. Männliche Führungskräfte tragen meistens Anzüge in Schwarz, Blau oder Grau. Kombiniert mit einem weißen Hemd, schwarzen oder braunen Schuhen und einer dezenten Krawatte. Führungsfrauen sind schon etwas mutiger. Aber insgesamt herrscht in den Führungsetagen Tristesse und Konformität. Mehr individueller Stil und Mut zur Farbe würde vielen Chefetagen gut tun und die Stimmung deutlich verbessern. Künstler sind im Gegensatz dazu oft schillernde Vögel, die ihre Kleidung ganz bewusst zur Gestaltung ihrer Persönlichkeit einsetzen.

Haben Sie auch Unsicherheiten in der Auswahl Ihrer Kleidung? Fällt es Ihnen schwer einzuschätzen, was Ihnen steht und was nicht? Egal ob Sie sich darüber Gedanken machen oder nicht, die Kleidung hat Einfluss auf das eigene Wohlgefühl und wirkt auch auf Ihr Gegenüber. Die folgende Übung soll Ihnen Mut machen, Ihren eigenen Stil zu entwickeln. Damit wirken Sie authentisch und interessant. Sind Sie unsicher, so suchen Sie Rat bei einem kompetenten Stilberater.

ANLEITUNG

1. SCHRITT
Stellen Sie sich vor den Spiegel und betrachten sorgfältig Ihre Kleidung. Was springt Ihnen sofort ins Auge? Was gefällt Ihnen, was gefällt Ihnen nicht?

2. SCHRITT
Wie würden Sie sich lieber kleiden? Probieren Sie verschiedene Outfits an, lassen Sie es auf sich wirken und vergleichen Sie.

3. SCHRITT
Worauf achten Sie bei anderen bezüglich des Outfits? Was gefällt Ihnen bei anderen besonders?

4. SCHRITT
Schaffen Sie Ihr Wunsch-Outfit.

3.6.4 Farben

ZIEL
Diese Spiegelübung soll Sie dazu inspirieren, bewusster Farben für das Wohlgefühl zu nutzen.

MATERIAL
Spiegel, verschiedenfarbige Kleidungsstücke

ZIELGRUPPEN
Coachs, Coachinginteressierte

Geeignet für Selbstcoaching,
keine psychologischen Kenntnisse erforderlich

ZEITDAUER
15-30 Min.

EINFÜHRUNG

Farben haben eine große Wirkung auf unser Verhalten, Wesen und Charakter. Zum Beispiel ist Rot die Farbe der starken Gefühle. Liebe, Feuer, Blut, Kampf sind nur einige Assoziationen, die wir mit dieser Farbe verbinden. Blau dagegen strahlt Kühle und Ruhe aus. Grün ist mit Natur verbunden. Reizt Licht eines bestimmten Lichtspektrums das Auge, hat das außer der einfachen Sinnesempfindung komplexere und farbspezifische psychologische Wirkungen im Zentralnervensystem. Das ist seit den Anfängen der modernen Psychologie einschlägig bekannt. Mit Hilfe von speziellen Farbtests wird versucht, Persönlichkeit und Psyche eines Menschen besser zu verstehen. Einige Betriebe lassen ihre Bewerber neben einem Einstellungstest auch gleich einen Farbtest machen.

Wie wirken Farben auf Sie? Haben Sie eine Lieblingsfarbe? Setzen Sie Farben bewusst zur Stimmungserhellung und zum Wohlfühlen ein. Sind Sie unsicher, so suchen Sie Rat bei einem kompetenten Farbberater.

ANLEITUNG

1. SCHRITT
Ziehen Sie ein Kleidungsstück in Ihrer Lieblingsfarbe an und lassen Sie es durch den Spiegel auf sich wirken.

2. SCHRITT

Versuchen Sie zu ergründen, warum Sie diese Farbe mögen. Was verbinden Sie damit?

3. SCHRITT

Experimentieren Sie mit verschiedenen Farben und lassen sie auf sich wirken.

4. SCHRITT

Resümieren Sie, wie die verschiedenen Farben auf Sie wirken und mit welcher Farbe Sie sich am wohlsten gefühlt haben.

5. SCHRITT

Unterscheiden Sie nach Wohlfühl-Farben für Ihre Wohn- und Arbeitsumgebung und Farben, die für Ihre Kleidung von Vorteil sind. Sie sollten Ihrer Funktion entsprechen und Ihren Haut- und Haartyp positiv zur Geltung bringen.

3.6.5 Körpersprache

ZIEL
Diese Spiegelübung trainiert Ihr positives Zusammenspiel von nonverbaler und verbaler Kommunikation.

MATERIAL
Spiegel

ZIELGRUPPEN
Coachs, Coachinginteressierte

Geeignet für Selbstcoaching,
keine psychologischen Kenntnisse erforderlich

ZEITDAUER
10-15 Min.

EINFÜHRUNG

Was denkt jemand, der mit dem Kopf schüttelt und ja sagt? Wie wirkt es auf Sie, wenn eine Person etwas Positives zu Ihnen sagt und Sie dabei böse ansieht? Sie sind sicherlich irritiert. Sie können in diesem Fall davon ausgehen, dass der Körper ehrlichere Signale aussendet, als das Gegenüber verbal äußert. Körpersprache passiert in der Regel viel unbewusster als die gesprochene Sprache. Wir trauen daher mehr den nonverbalen Signalen als dem, was jemand zu uns sagt, wenn beide Ebenen widersprüchlich sind. Wichtig ist also auch Körpersprache zu lernen, wie wir auch die verbale Sprache lernen. Jede Kultur hat jedoch ihre eigene Körpersprache. Haben Sie beruflich mit anderen Ländern zu tun, ist es auch wichtig, sich mit der landesüblichen verbalen und non-verbalen Kommunikation zu beschäftigen. Die folgende Übung soll Sie für Ihre Körpersprache sensibilisieren und Sie ermutigen, bewusster mit der nonverbalen Ebene umzugehen.

ANLEITUNG

1. SCHRITT

Nehmen Sie zunächst verschiedene gewohnte Haltungen ein. Zeigen Sie dazu Ihre Alltagsmimik und Gestik. Wie wirkt es auf Sie?

2. SCHRITT

Experimentieren Sie weiter mit ungewohnter Haltung, Mimik und gestikulieren Sie dazu. Wechseln Sie zwischen extremen Haltungen und spüren Sie der Wirkung nach.

3. SCHRITT

Gestalten Sie eine kurze verbale Präsentation und begleiten diese be-wusst mit Mimik und Gestik. Beobachten Sie sich im Spiegel und reflek-tieren im Anschluss Ihre Wirkung auf sich selbst. Achten Sie besonders auf widersprüchliche Botschaften von Mimik, Gestik und Sprache.

3.6.6 Selbstpräsentation

ZIEL
Diese Spiegelübung ist ein effektives Training für freies Reden und Fokussierung auf das Positive.

MATERIAL
großer Spiegel

ZIELGRUPPEN
Coachs, Coachinginteressierte

Geeignet für Selbstcoaching,
keine psychologischen Kenntnisse erforderlich

ZEITDAUER
5-10 Min.

EINFÜHRUNG

Sobald wir unsere Wohnung verlassen, präsentieren wir uns unserer Umwelt. Wir schlüpfen ganz selbstverständlich in unsere vielfältigen Rollen als Nachbar, Kollege, Kundin, Freund, Vorgesetzte und Vieles mehr. Jede Rolle verlangt eine eigene Präsentation, die wir meistens souverän absolvieren. Geht es jedoch um das Präsentieren vor Publikum im beruflichen Kontext, bekommen viele Angst zu versagen. Manche Klienten wollen bei mir positive Selbstpräsentation lernen, bewerten dies jedoch unbewusst negativ. Das Präsentieren der eigenen Stärken und Vorzüge wird als angeberisch, selbstverliebt oder arrogant bezeichnet. Aber ist es denn wirklich so anders, sich vor einem Kind, einer Nachbarin, einer Verkäuferin oder eben vor einem Publikum zu präsentieren? Aus meiner Sicht nicht. Wichtig ist einzig, das Sie Sie selbst bleiben und genau das tun, was Sie auch im privaten Kontext täglich leisten. Zeigen Sie Ihr Bestes. Ihre optischen Vorzüge, Ihre Stärken, Ihre positiven Einstellungen und Ihre Kommunikationsfähigkeit. Damit sind Sie in jeder Situation authentisch und überzeugend.

ANLEITUNG

1. SCHRITT
Überlegen Sie sich spontan drei Begriffe wie z. B. Familie, Reise, Blume.

2. SCHRITT

Halten Sie spontan einen 3-Minuten-Vortrag, in dem diese drei Begriffe vorkommen. Beobachten Sie sich dabei im Spiegel und versuchen Sie die Perspektive eines Zuhörers einzunehmen.

3. SCHRITT

Schreiben Sie im Anschluss mindestens fünf positive Aspekte Ihrer Präsentation auf.

3.6.7 Stärken

ZIEL

Diese Spiegelübung dient dazu, Ihre Stärken präsent zu machen.

MATERIAL

Spiegel

ZIELGRUPPEN

Coachs, Coachinginteressierte

Geeignet für Selbstcoaching,
keine psychologischen Kenntnisse erforderlich

ZEITDAUER

10-15 Min.

EINFÜHRUNG

Positive Eigenschaften werden oft für selbstverständlich oder nichts Besonderes gehalten. Diese Haltung zu ändern ist der erste wichtige Schritt, um die eigenen Stärken besser wahrnehmen und wertschätzen zu können. Ihr Bewusstsein für Ihre Stärken sollte Ihnen in Fleisch und Blut übergehen, damit Sie sie jederzeit nutzen können. Die folgende Übung soll Sie dabei unterstützen.

ANLEITUNG

1. SCHRITT

Erinnern Sie sich zunächst an eine Situation, die Sie erfolgreich bewältigt haben.

2. SCHRITT
Benennen Sie die Stärken, die Sie für das Meistern dieser Situation brauchten.

3. SCHRITT
Sagen Sie Ihrem Spiegelbild, wie Sie diese Stärke entwickelt/erlangt haben und in Zukunft nutzen wollen.

4. SCHRITT
Danken Sie sich für Ihre Stärken.

3.6.8 Motivation

ZIEL
Diese Spiegelübung unterstützt Ihre Selbstmotivation.

MATERIAL
Spiegel

ZIELGRUPPEN
Coachs, Coachinginteressierte

Geeignet für Selbstcoaching,
keine psychologischen Kenntnisse erforderlich

ZEITDAUER
5-10 Min.

EINFÜHRUNG
Sie stehen vor einer wichtigen Entscheidung. Sie haben eine wichtige Präsentation. Sie merken noch Unsicherheiten. Dann brauchen Sie eine effektive Motivationshilfe.

Wie motivieren Sie sich, um jeden Tag aufzustehen und zur Arbeit zu gehen? Was gibt Ihnen Kraft und Energie, um den Anforderungen des Alltags zu entsprechen? Was ist Ihre Motivationsquelle? Wenn Sie Antworten auf diese Fragen suchen und finden, dann wird Ihre Motivationsquelle niemals versiegen.

ANLEITUNG

1. SCHRITT

Überlegen Sie sich einen Motivationssatz für Ihre konkrete Herausforderung. Einige Beispiele: „Ich zeige meine Stärken. Ich schaffe, was ich will. Ich bin dieser Herausforderung gewachsen. Ich habe alles, was ich brauche."

2. SCHRITT

Sagen Sie Ihrem Spiegelbild diesen Satz so oft, bis Sie absolut überzeugt sind.

3.SCHRITT

Schreiben Sie Ihren Motivationssatz auf und überlegen sich ein passendes Fotomotiv dazu.

4. SCHRITT

Bringen Sie das Foto gut sichtbar an einem zentralen Ort in Ihrer Wohnung oder Arbeitsplatz an, um es in Ihrem Gedächtnis zu verankern.

3.6.9 Bewegung und Tempo

ZIEL

Diese Spiegelübung ergründet Ihr aktuelles, angemessenes Tempo.

MATERIAL

Spiegel

ZIELGRUPPEN

Coachs, Coachinginteressierte

Geeignet für Selbstcoaching,
keine psychologischen Kenntnisse erforderlich

ZEITDAUER

10-15 Min.

Bewegung ist sehr wichtig, um gesund zu sein und es auch auf Dauer zu bleiben. Unser Körper kommt damit in Schwung und er bedankt sich dafür, indem er beispielsweise Endorphine, auch Glückshormone genannt, ausschüttet. Diese wiederum steigern merklich unsere Laune. Körperlich aktive Menschen sehen nicht nur frischer aus, sondern sind im Alltag belastbarer und fühlen sich auch psychisch besser. Auch unser Geist braucht Bewegung im Sinne von neuem Wissen und Erfahrungen. Wir sind eine Einheit von Körper, Geist und Seele. Erst wenn wir das begreifen und uns als zusammenhängendes Wesen betrachten, können wir unserer Komplexität gerecht werden. Unser Tempo ist nicht immer gleich und hängt von Faktoren wie aktuelle Rahmenbedingungen und körperlich/psychische Verfassung ab. Es ist daher besonders wichtig, die Wahrnehmung für unser gesundes Tempo zu schulen.

ANLEITUNG

1. SCHRITT
Legen sie Ihre Lieblingsmusik ein.

2. SCHRITT
Strecken Sie sich ausgiebig und lockern die Muskulatur.

3. SCHRITT
Kommen Sie langsam in Bewegung. Lassen Sie sich von der Musik inspirieren.

4. SCHRITT
Spüren Sie nach, welches Bewegungstempo für Sie jetzt am angenehmsten ist. Bleiben Sie in diesem Tempo und genießen die Leichtigkeit.

5. SCHRITT
Was hat sich in ihrem Körper verändert? Wie fühlen Sie sich jetzt?

3.6.10 Groß – Klein

ZIEL
Diese Spiegelübung gibt Hinweise darauf, wodurch das Selbstwertgefühl des Klienten beeinflusst wird und hilft ihm, in zukünftigen Situationen souveräner zu reagieren.

MATERIAL
Spiegel

ZIELGRUPPE
Coachs

Psychologische Kenntnisse erforderlich

ZEITDAUER
10-15 Min.

EINFÜHRUNG

Jeder von uns kennt Situationen, in denen man sich plötzlich klein und unsicher fühlt. Das kann ein Mensch, eine plötzliche Situationsänderung oder ein Erlebnis bewirken. Es überfällt uns ohne Ankündigung und hinterlässt oft eine Verunsicherung. Wir können dies oft nach außen überspielen, aber innerlich fühlen wir uns furchtbar. Um solchen Situationen vorzubeugen, ist es wichtig, eine Gelassenheit zu entwickeln. Denn wir können es nicht verhindern, in solche Gefühlslagen zu geraten, aber wir können uns einen wirksamen Umgangsmechanismus aufbauen.

ANLEITUNG

1. SCHRITT
Machen Sie sich so groß wie möglich. Wo wollen Sie hin wachsen? Wie fühlt es sich an zu wachsen? Betrachten Sie sich im Spiegel und lassen auf sich wirken, wie es sich anfühlt, wenn Sie sich groß machen.

2. SCHRITT
Danach machen Sie sich so klein wie möglich. Wie fühlen Sie sich damit? Betrachten Sie sich sorgfältig im Spiegel und fühlen Sie wie Ihr Spiegelbild auf Sie wirkt. Kennen Sie solche Gefühle aus Ihrem Alltag? Wo, wann und mit wem fühlen sie sich klein und möchten sich gerne lieber groß fühlen?

3. SCHRITT

Stellen Sie sich nun in einer konkreten Situationen vor, in der Sie sich bisher klein gefühlt haben, und in der Sie sich jetzt innerlich und äußerlich aufrichten und wachsen. Spielen Sie diese Situation gedanklich durch und bereiten Sie sich mit Ihrer Haltung und mit Worten darauf vor.

4. SCHRITT

Sagen Sie Ihrem Spiegelbild, was Sie in dieser Situation konkret sagen werden und verinnerlichen Sie die aufgerichtete innere und äußere Haltung.

3.6.11 Balance

ZIEL

Diese Spiegelübung ist eine gute Möglichkeit, um zu überprüfen, was Ihren Klienten aus der Balance bringt oder seine innere Balance unterstützt.

MATERIAL

Spiegel

ZIELGRUPPE

Coachs

Psychologische Kenntnisse erforderlich

ZEITDAUER

10-15 Min.

EINFÜHRUNG

Ein erfülltes, glückliches Leben erfordert Lebensbalance, also die Balance zwischen Berufs- und Privatleben. Es bedeutet sicherlich nicht nur weniger zu arbeiten und mehr Freizeit zu haben. Vielen Menschen wird im Verlauf ihres Lebens bewusst, dass sich die beruflichen und privaten Rahmenbedingungen nicht in die gewünschte Richtung entwickelt haben oder einfach nicht mehr passen. Oft fehlt der Mut neue Weichen zu stellen. Das Gefühl von Unzufriedenheit verhindert ein ausgewogenes Leben. Ich kann Ihnen aus eigener Erfahrung versichern, dass es nie zu spät ist, neue Wege zu gehen. Ich habe mit 46 Jahren mein erstes Unternehmen gegründet und habe dadurch meine Lebensbalance gefunden.

ANLEITUNG

1. SCHRITT
Stellen Sie sich auf ein Bein und breiten die Arme aus.

2. SCHRITT
Pendeln Sie sich ein, bis Sie einen guten Stand haben.

3. SCHRITT
Bleiben Sie in dieser Haltung und beobachten Sie es im Spiegel.

4. SCHRITT
Denken Sie an verschiedene Situationen aus Ihrem Alltag und spüren Sie nach, ob sich dadurch Ihr Stand verändert.

5. SCHRITT
Denken Sie an eine positive Situation, bis Sie eine gute Balance gefunden haben.

3.6.12 Haltung

ZIEL
Diese Übung soll Ihren Klienten dafür sensibilisieren, dass die inneren Haltungen und Einstellungen sich entscheidend auf sein Handeln auswirken und auch seine Körperhaltung beeinflussen. Auch die Körperhaltung wirkt sich nach innen aus.

MATERIAL
Spiegel

ZIELGRUPPE
Coachs

Psychologische Kenntnisse erforderlich

ZEITDAUER
10-15 Min.

Die Einstellungsforschung klärt die Zusammenhänge von Einstellungen, Verhalten und Handeln; sie fragt vor allem danach, unter welchen Bedingungen Einstellungen zustande kommen, wie dauerhaft diese sind und unter welchen Bedingungen sie geändert werden. Einstellungen entstehen durch prägende Erfahrungen, und werden im Langzeitgedächtnis abgespeichert. Diese sind für Bewertungen verantwortlich. Einstellungen werden in der Psychologie in drei Ebenen gegliedert:

EMOTIONALE EBENE
Bei Sympathie fühlt man sich zum Beispiel zu einer Person hingezogen; bei Vorurteilen besteht das Gefühl in Misstrauen, Abneigung usw.

VERHALTENSEBENE
Bei Sympathie könnte die Verhaltenskomponente zum Beispiel Freundlichkeit sein, bei Vorurteilen die Diskriminierung.

KOGNITIVE EBENE
Sie umfasst Meinungen, Informationen, Argumente. Es handelt sich um die in der Regel bewusste, verbalisierbare, rationale Bewertung. Bei Sympathie kann man vielleicht Gründe angeben, zum Beispiel war die Person in der Vergangenheit mehrmals hilfsbereit. Vorurteile werden oft kognitiv „untermauert".

Unsere Haltungen / Einstellungen / Überzeugungen sind Wegweiser, Sinngeber und Motivatoren für unser Handeln. Wir brauchen sie, um Erfahrungen, Gefühle, Menschen und Wissen einzuordnen. Sie können uns jedoch auch in Ketten legen und unsere Wahrnehmung verengen. Daher sollten Sie immer wieder überprüft werden. Ich halte es für besonders wichtig, sich mit diesem grundsätzlichen Thema auseinander zu setzen.

ANLEITUNG
1. SCHRITT
Konzentrieren Sie sich auf Ihre Körperhaltung. Wie wirkt Ihre Haltung auf Sie zurück? Wo im Körper gibt es Verspannungen? Beachten Sie besonders den Schulterbereich. Welche Körperbereiche sind präsent, welche weniger?

2. SCHRITT

Spüren Sie gezielt in verschiedene Körperbereiche mit geschlossenen Augen nach. Fragen Sie sich: Was hat die äußere mit der inneren Haltung zu tun?

3. SCHRITT

Experimentieren Sie mit verschiedenen Körperhaltungen und spüren nach, wie sie nach innen wirken. Lassen Sie bewusst die Schultern und den Kopf hängen. Richten Sie sich gerade auf. Heben Sie den Brustkorb und ziehen Sie die Schultern etwas nach hinten. Sie werden den Unterschied sofort spüren.

4. SCHRITT

Gehen Sie in eine Haltung, die Ihnen im Moment entspricht. Bleiben Sie drei Minuten in dieser Haltung und überprüfen Sie, ob es wirklich die Haltung ist, die Sie einnehmen wollen.

5. SCHRITT

Nehmen Sie nun zum Vergleich eine für Sie völlig ungewohnte Haltung ein, und spüren nach, wie es für Sie ist.

6. SCHRITT

Gehen Sie nun wieder in Ihre gewohnte Haltung und spüren nach, was sich verändert hat.

7. SCHRITT

Experimentieren Sie mit weiteren Haltungen und finden Sie Ihre Wunschhaltung. Warum entspricht Ihnen diese jetzt am meisten?

3.6.13 Nähe – Distanz

ZIEL
Diese Spiegelübung sensibilisiert Ihren Klienten für eine gesunde Nähe/
Distanz zu sich selbst.

MATERIAL
Spiegel

ZIELGRUPPE
Coachs

Psychologische Kenntnisse erforderlich

ZEITDAUER
10-15 Min.

EINFÜHRUNG
Eltern-Kind- und Paarbeziehungen sind in der psychologischen Forschung zentral, da sie unsere Persönlichkeitsentwicklung maßgeblich beeinflussen. Was ist eine förderliche Nähe oder Distanz in einer Beziehung
und wann beginnt es für das Beziehungssystem schädlich zu werden?
Es ist erwiesen, dass unsere Beziehungserfahrungen in unserer Kindheit
sehr stark auch unsere Nähe und Distanz zu uns selbst prägen. Benutze
ich meinen Partner, Eltern, Kinder oder Freunde, um eigene Defizite oder
einen Selbstwertmangel zu kompensieren? Wie oft schließe ich von mir
auf andere? Wie stark lasse ich mich von den Erwartungen der anderen
leiten? Wichtige Fragen, die nach Antworten verlangen. Ich bin der
Meinung, wir sollten zuallererst bei uns ansetzen, denn hier haben wir
die meisten Einwirkungsmöglichkeiten. Daher ist es wichtig, sich mit
der Nähe/Distanz zu uns selbst zu beschäftigen und eine gesunde Nähe/
Distanz aufzubauen. Wie geht es mir mit mir? Wie gehe ich mit meinen
Bedürfnissen um? Eine positive Nähe/Distanz lässt sich nur aufbauen,
wenn wir achtsam, respektvoll und liebevoll mit uns umgehen. Es ist
völlig normal, dass sie sich ständig verändert.

ANLEITUNG
1. SCHRITT
Lassen Sie Ihren Klienten einen Abstand zu seinem Spiegelbild wählen,
wie er es in diesem Moment als stimmig empfindet.

2. SCHRITT

Lassen Sie diese Nähe/Distanz auf ihn und auf Sie wirken. Wie steht der Klient gerade zu sich selbst? Ist dies der Abstand, den er sich wünscht?

3. SCHRITT

Lassen Sie Ihren Klienten nun mit mehr Nähe oder mehr Distanz experimentieren und die verschiedenen Abstände auf sich wirken. Lassen Sie ihn überprüfen, ob die anfängliche Distanz stimmt.

4. SCHRITT

Lassen Sie nun Ihren Klienten seine Wunsch-Nähe/Distanz suchen. Lassen Sie ihn nachspüren und reflektieren, was ihm momentan im Wege steht, um diese Nähe/Distanz zu leben.

5. SCHRITT

Fordern Sie Ihn auf, sich ein Versprechen zu geben, die gewünschte Nähe/Distanz zu erreichen.

3.6.14 Selbstbilder – Fremdbilder

ZIEL
Diese Spiegelübung dient dem Klienten zur Überprüfung der eigenen Selbstbilder.

MATERIAL
Spiegel

ZIELGRUPPE
Coachs

Psychologische Kenntnisse erforderlich

ZEITDAUER
20-30 Min.

Wir haben unzählige Bilder von uns selbst und anderen gespeichert und in unserem Gedächtnis abgelegt. Unsere Wahrnehmung ist subjektiv und daher nie deckungsgleich mit der Wahrnehmung einer anderen Person. Darum weichen die Selbstbilder von den Fremdbildern oftmals ab. Für manche Menschen sind ihre Selbstbilder ein Schutz, andere projizieren ihre Wünsche und Hoffnungen in sie. Und wieder andere haben eigene Entwicklungen und Veränderungen noch nicht registriert oder reflektiert. Auch Einflüsse aus Elternhaus oder Freundeskreis können eine Rolle spielen: Wer immer kritisiert wird, sieht sich möglicherweise in einem viel schlechteren Bild als andere. Wer als Prinzessin verwöhnt wurde, hat möglicherweise überzogene Vorstellungen von der eigenen Wirkung.

Selbstbilder und Fremdbilder, also die eigene Beurteilung und die Wahrnehmung der anderen, sind meist unterschiedlich. Um einen Abgleich zu schaffen, brauchen wir deshalb regelmäßig Rückmeldungen von anderen, wie Sie uns sehen und erleben. Wichtig ist jedoch auch hier zu wissen, dass andere uns subjektiv mit ihrem individuellen Hintergrund betrachten und bewerten.

ANLEITUNG

SCHRITT

Lassen Sie Ihren Klienten sich im Spiegel betrachten und beschreiben, was er im Spiegel sieht.

SCHRITT

Beschreiben nun Sie als Coach ohne Bewertung, was Sie im Spiegel von Ihrem Klienten wahrnehmen.

SCHRITT

Benennen Sie die Unterschiede Ihrer Wahrnehmungen, ohne diese zu bewerten.

SCHRITT

Reflektieren Sie zusammen, was die andere Sicht bei Ihrem Klienten bewirkt.

3.6.15 Gefühle

ZIEL
Diese Spiegelübung soll den Klienten dabei unterstützen, sich mehr seiner Innen- und Außenwelt zu öffnen. Das macht ihn lebendiger, spontaner und greifbarer für andere.

MATERIAL
Spiegel

ZIELGRUPPE
Coachs

Psychologische Kenntnisse erforderlich. Coachs sollten eigene Erfahrung mit Gefühlsdarstellung haben.

ZEITDAUER
20-30 Min.
Reflexion im Anschluss mindestens 60-80 Min.

EINFÜHRUNG
Für viele ist diese Übung eine große Herausforderung und erfordert Mut. Was für Schauspieler Arbeitsalltag ist, fällt „normalen Menschen" oft sehr schwer, nämlich Gefühle zu zeigen. Auch Mentalität und Kultur spielen dabei eine Rolle, Südländer zeigen ihre Gefühle zum Beispiel offener als West- oder Nordeuropäer. Diese Übung hat das Ziel, dass der Klient bekannte und gewohnte Gefühle abruft wie ein Schauspieler.

Zeigen Sie als Coach einige Gefühle zur Demonstration. Dem Klienten wird das vielleicht zunächst unangenehm oder sogar peinlich sein. Machen Sie ihm deutlich, dass er nicht vor Publikum spielt, sondern in einer geschützten Atmosphäre. Spielen Sie mit ihm gemeinsam Öffnen von Emotionen. Freude, Trauer, Wut, Angst sind Gefühle, die jeder von uns kennt.

ANLEITUNG
1. SCHRITT
Spüren Sie nach, welches Gefühl zurzeit vorherrscht. Zeigen Sie sich dieses Gefühl so eindeutig wie möglich im Spiegel (Mimik, Körpersprache). Übertreiben Sie dabei ruhig ein wenig.

Überlegen Sie, welche Gefühle Ihnen besonders vertraut sind. Zeigen Sie diese Ihrem Spiegelbild und beobachten Sie dabei, ob es für Sie authentisch ist.

3. SCHRITT

Welches Gefühl wünschen Sie sich zurzeit? Rufen Sie dieses aus ihrem reichhaltigem Gefühlsrepertoire ab und zeigen und spüren Sie, wie es Ihnen damit geht.

3.6.16 Kontakt

ZIEL
Mit dieser Spiegelübung können Sie einen positiven Kontakt zu sich selbst fördern und pflegen. Sie eignet sich besonders als Morgen- oder Abendritual.

MATERIAL
Spiegel

ZIELGRUPPEN
Coachs, Coachinginteressierte

Für Selbstcoaching geeignet,
keine psychologischen Kenntnisse erforderlich

ZEITDAUER
3-5 Min.

EINFÜHRUNG
Kontakt bedeutet das Aufeinandertreffen und Berühren zwischen verschiedenen Lebewesen. Dabei entsteht Kommunikation. Unser Kontaktbedürfnis ist nicht immer gleich, sondern von verschiedenen Faktoren und Rahmenbedingungen abhängig wie zum Beispiel Befindlichkeit und Beanspruchung. Wir haben drei verschiedene Kontaktebenen: Körper, Geist und Seele und brauchen Rituale, um den Kontakt zu uns und anderen zu pflegen.

Wollen wir mit uns Kontakt aufnehmen, so brauchen wir also eine auf uns zugeschnittene Kommunikationsform, die diese drei Kontaktebenen anspricht. Ich gehe davon aus, dass jeder von uns danach strebt, einen positiven Kontakt zu sich selbst zu haben. Aber wie erreicht man das?

Das Wichtigste ist, sich selbst und andere wichtig zu nehmen und sich so gut wie möglich um sich selbst und andere zu kümmern. Das fängt bei dem liebevollen Umgang mit dem Körper an und geht weiter bis zum beständigen „Füttern" der geistigen und seelischen Bedürfnisse.

Es gibt kein allgemeingültiges Rezept für eine positive Kontaktpflege. Die folgende Übung soll Sie dazu anregen, weitere Rituale zu entwickeln.

ANLEITUNG
1. SCHRITT
Schauen Sie sich in die Augen, dem Tor zu unserem Inneren, und nehmen wohlwollend und wertschätzend mit sich Kontakt auf.

2. SCHRITT
Versuchen Sie dabei nicht zu starren, sondern sich offen, interessiert und wertungsfrei zu betrachten.

3. SCHRITT
Spüren Sie im Anschluss daran mit geschlossenen Augen nach, wie es Ihnen gerade mit sich selbst und Ihrer aktuellen Situation geht.

4. SCHRITT
Nehmen Sie liebevoll Kontakt zu Ihrem Körper auf und streicheln Sie dort, wo Sie eine Bedürftigkeit nach Berührung spüren.

5. SCHRITT
Nehmen Sie Kontakt zu Ihrem Geist auf und sagen Sie sich innerlich etwas Positives.

3.6.17 Selbstakzeptanz

ZIEL
Diese Spiegelübung fördert die Selbstakzeptanz des Klienten.

MATERIAL
Spiegel

ZIELGRUPPE
Coachs

Psychologische Kenntnisse erforderlich

ZEITDAUER
5-10 Min.

EINFÜHRUNG

Sich selbst zu akzeptieren ist nicht immer einfach. Denn wir werden schon von Kindesalter an auf eine defizitorientierte Wahrnehmung programmiert. In Schulen werden eher schwache Schüler als begabte Schüler gefördert. Schlechte Nachrichten sind langlebiger als gute. In Medien wird uns ständig vor Augen geführt, dass wir nicht so schön, schlau, erfolgreich sind wie Modells und Prominente. Viele Branchen profitieren von der mangelnden Selbstakzeptanz von Menschen wie zum Beispiel die Schönheitschirurgie. Annehmen" („akzeptieren") kann zu den großen „Lösungen" dieser Welt gehören, bei denen wir uns von bisherigen negativen Haltungen verabschieden. Wir hören dann auf, unser Schicksal, andere Menschen oder besondere Situationen in dieser Welt weiter in unserem Sinne verändern oder sogar bekämpfen zu wollen. Das Ergebnis kann wohltuender innerer Frieden und eine unerwartete Fülle neuer Energie sein. Jede Schwäche enthält auch eine Stärke und ist für etwas gut. Lenken Sie Ihre Wahrnehmung bewusst auf diesen Aspekt, um Ihre „Schwächen" anzunehmen.

ANLEITUNG

1. SCHRITT
Benennen Sie zunächst das, was Sie nicht an sich akzeptieren können.

2. SCHRITT

Denken Sie darüber nach, wofür diese Persönlichkeitsfacetten wichtig und gut sind. Finden Sie drei positive Aspekte zu diesen Facetten.

3. SCHRITT

Bedanken Sie sich bei diesen für ihre Funktion.

4. SCHRITT

Jede einzelne „Schwäche" können Sie mit einer Öffnung der Arme und Hände willkommen heißen und in sich aufnehmen (eine Hand auf die Brust, die andere auf den Bauch legen).

3.6.18 Dankbarkeit

ZIEL

Diese Spiegelübung bringt Ihnen ins Bewusstsein, was für ein wunderbares Geschenk Ihr Körper und Ihr Geist ist. Mit Dankbarkeit für diese Gaben nähren Sie Ihren Körper und Ihre Seele.

MATERIAL
Spiegel

ZIELGRUPPEN
Coachs, Coachinginteressierte

Für Selbstcoaching geeignet,
keine psychologischen Kenntnisse erforderlich

ZEITDAUER
20-30 Min.

EINFÜHRUNG

Unser Körper und unser Geist ist ein Wunderwerk. Es ist wichtig, uns bewusst zu machen, wie viel unser Körper uns täglich an Bewegungsfreiheiten ermöglicht. Krankheiten sind klare Signale des Körpers, dass etwas nicht stimmt. Lernen wir diese Signale ernst zu nehmen und richtig zu verstehen, werden wir diese Hilferufe unseres Körpers immer mehr wertschätzen. Auch wenn wir aktuelle körperliche oder psychische Beschwerden haben, sollten wir uns für die störungsfreie Zeit bedanken. Danken Sie auch Ihrem Geist, der unseren Körper zuverlässig und stetig lenkt und führt.

ANLEITUNG

FÜSSE

Machen Sie sich bewusst, dass Ihre Füße Ihr gesamtes Gewicht tragen und Sie zuverlässig an jeden Ort bringen, wohin Sie wollen. Danken Sie Ihren enorm tragfähigen Füßen dafür.

BEINE

Die Waden, Knie und Oberschenkel bilden mit den Füßen eine perfekte Einheit. Sie sind muskulös und stabil wie eine Säule und sehr belastbar. Danken Sie Ihren Beinen für die unzähligen Kilometer, die sie sicher voran gebracht haben.

INTIMBEREICH

Zwischen unseren Hüftpfannen liegen gut geschützt unsere Geschlechts-organe. Es ist ein sehr sensibler Bereich, der uns sowohl viel Freude als auch viel Schmerz bereiten kann. Bedanken Sie sich für alle lustvollen, intensiven aber auch schmerzlichen Momente. Das Eine kann ohne das Andere nicht sein.

BAUCHBEREICH

Ihre Hände ruhen auf dem Bauch. Sie spüren, wie sich durch Ihren Atem dieser sanft hebt und senkt. In dieser Körpermitte sitzt unser Gefühlsbarometer. Sind wir verliebt, so haben wir „Schmetterlinge im Bauch". Haben wir Angst, krampft sich unser Magen zusammen. Sind wir entspannt, dann gluckert unser Bauch fröhlich vor sich hin. Hören wir auf unseren Bauch, dann wissen wir schnell, was mit uns los ist. Er spricht eine klare Sprache und hilft uns bei Entscheidungen. Vertrauen wir unserem Bauchgefühl in Kombination mit unserer Ratio, haben wir die besten Berater, die wir haben können. Diesem Körperbereich gebührt daher besonderer Dank. Nehmen Sie sich also ausgiebig Zeit für Ihren Bauch. Sagen Sie ihm, für welche wichtigen Entscheidungshilfen Sie besonders dankbar sind.

HERZBEREICH

Legen Sie Ihre Hände auf den Herzbereich. Nehmen Sie Kontakt mit Ihrem Herz auf und spüren Sie Ihren Herzschlag. Schauen Sie sich dabei in die Augen. Machen Sie sich bewusst, dass unser Herz das wichtigste Organ unseres Körpers ist. Es ist viel mehr als ein Muskel. Es versorgt unseren gesamten Körper mit Blut und den lebenswichtigen Bestandteilen wie zum Beispiel Sauerstoff. Ohne unser Herz sind wir nicht lebensfähig. Die Menschheit beschäftigt sich seit Jahrtausenden mit seiner Bedeutung. Wir können unser Herz verlieren, es kann uns gestohlen werden oder sogar brechen. Es ist untrennbar verbunden mit allem, was mit „Liebe" zu tun hat. Die Bedeutung ist also viel gewichtiger als nur, dass es ein wichtiges Organ zur Blutzirkulation ist. Danken Sie von Herzen Ihrem Herzen für Ihr tägliches Leben und für die Liebe, die es Ihnen schenkt.

SCHULTERBEREICH

Spüren Sie nach, wie stark und muskulös sich der Schulterbereich anfühlt. Haben Sie einen schweren Rucksack voller Sorgen und Anforderungen auf Ihren Schultern? Viele Menschen tragen enorme Lasten. Das drückt die Schultern nach unten. Wir verlieren unsere aufrechte Haltung. Es zeigt uns, wie belastungsfähig unsere Schultern sind, gut und schlecht zugleich. Wann ist es genug oder zu viel Gewicht? Können Sie das aktuelle Gewicht gut schultern? Danken Sie Ihren Schultern für Ihre Tragfähigkeit und Stärke.

HÄNDE

Schauen Sie Ihre Hände genau an. Testen Sie die Beweglichkeit und Funktionalität. Nehmen Sie wahr, wie diese Wunderwerke unserem Willen gehorchen und wie genau Sie damit tägliche Handlungen ausführen können. Ohne unsere Hände wären wir ständig auf Hilfe von anderen oder die einer Maschine angewiesen. Sie geben uns viel Freiheit das zu tun, was wir tun wollen. Schütteln Sie Ihre Hände zum Dank.

ARME

Unsere Arme verbinden unsere Hände mit dem restlichen Körper. Sie sind enorm beweglich und kraftvoll. Sie ermöglichen uns, unseren Radius zu erweitern. Umarmen Sie Ihre Arme für das, was Sie alles für Sie leisten.

HALS

Das Bindeglied zwischen Körper und Kopf ist sehr sensibel und schutz-
bedürftig. Alle Nervenstränge gehen durch diese Verengung und ermöglichen uns eine Kommunikation zwischen unserem Geist und unserem
Körper. Diese wichtige Funktion erfüllt unser Hals mit Bravour. Bedanken Sie sich und neigen Sie den Hals vor dieser wunderbaren Leistung.

KOPF

Ein exzellenter Platz für unsere Schaltzentrale. Erhöht und immer alles
im Blick. Alle Sinneseindrücke sammeln sich in unserem Kopf und
werden dort analysiert und ausgewertet. Unser Kopf gibt uns erst ein
Gesicht und damit eine Persönlichkeit. Sehen, riechen, schmecken und
hören ist nur durch ihn möglich. Er ist ein perfekter Teamplayer und
ermöglicht uns durch unser Gehirn unglaubliche Leistungen zu erbrin-
gen. Aber das Beste ist, dass er uns Bewusstheit und Willen ermöglicht.
Bewusstheit für das, wer wir sind und was wir wollen. Streicheln Sie
Ihren Kopf voller Dankbarkeit.

Nach der Übung sollten Sie sich einen ruhigen, bequemen Platz suchen,
um das Gefühl der Dankbarkeit noch eine Weile auszukosten.

3.6.19 Selbstliebe

ZIEL
Diese Spiegelübung fördert und nährt die Selbstliebe des Klienten.

MATERIAL
Spiegel

ZIELGRUPPEN
Coachs

Psychologische Kenntnisse erforderlich. Der Coach sollte sich intensiv
mit diesem tiefgehenden Thema auseinander gesetzt haben und sich
selbst lieben.

ZEITDAUER
15-20 Min. Gemeinsame Reflexion im Anschluss
mindestens 60-90 Min.

Lieben Sie sich? Den Partner, das Kind oder die Eltern darf man lieben, aber sich selbst? Eigenliebe wird bei uns immer noch oft mit Narzissmus, Selbstsucht oder Egoismus gleich gesetzt. Dabei hat der bekannte Psychoanalytiker Erich Fromm in seinem Buch „Die Kunst des Liebens" bereits in den 1970er Jahren aufgedeckt, dass die Fähigkeit zu lieben damit anfängt, sich selbst zu akzeptieren. Und von Meister Eckhart stammt das Zitat: „Hast Du Dich selbst lieb, so hast du alle Menschen lieb wie dich selbst."

Meine Liebe zu mir selbst war keine Liebe auf den ersten Blick. Bis dahin war es ein langer Weg und ich musste viele Blicke riskieren, um sie zu finden. Blicke, die mich zum Weinen brachten, die mich in Krisen stürzten und die mich positiv überraschten. Aber ich habe immer wieder hingeschaut, mich auseinander gesetzt und meine Selbstliebe zum Wachsen gebracht. Durch mein großes Interesse an Menschen und meiner Entscheidung ein gutes, glückliches und erfülltes Leben führen zu wollen. Nun habe ich sie, meine Liebe zu mir selbst, und will sie nicht mehr verlieren. Mir ist bewusst, dass ich dafür immer wieder etwas tun muss. Jede Liebe braucht Nahrung. Ich habe Rituale für mich entwickelt, die ich dazu nutze, meine Liebe zu pflegen und zu nähren. Dazu gehört für mich auch das beständige Bewusstmachen der eigenen Stärken, das was ich in meinem Leben schon alles erreicht habe, Dankbarkeit für alles, was mir das Leben geschenkt hat und die Erforschung und Förderung meines Potenzials. Wenn ich das tue, ist mein Leben leicht, gelassen und glücklich. Und wenn ich es mal nicht schaffe, suche ich mir Unterstützung bei meinem Partner, meinen Freunden oder einem Coach. Es ist gut zu wissen, dass ich nicht immer alles allein schaffen muss.

Auch für meine Arbeit als Beraterin ist meine Selbstliebe von fundamentaler Bedeutung. Sie macht es mir möglich, Menschen mit wohlwollendem Blick, positiver Haltung und Achtung zu begegnen. Sie ist meine Motivationsquelle und meine Inspiration. Sie öffnet meine Türen und macht scheinbar Unmögliches möglich. Sie steht in keiner Konkurrenz zur Liebe zu meinem Mann, meiner Familie oder meinen Freunden. Denn jede Liebe ist anders und daher einzigartig. Ich wünsche Ihnen, dass Sie sich dafür entscheiden sich zu lieben. Keine Angst, Sie können sich nicht zu viel lieben.

1. SCHRITT

Lassen Sie Ihren Klienten benennen, was er an sich mag, liebt.

2. SCHRITT

Der Klient soll nun Ausdrucksformen finden, um dieser Liebe Ausdruck zu verleihen, zum Beispiel Lächeln, Umarmung, Handkuss und verbale Liebesbekundungen.

3. SCHRITT

Reflektieren Sie im Anschluss an die Übung mit Ihrem Klienten dieses hoch sensible Thema feinfühlig und vorsichtig.

3.6.20 Verzeihen

ZIEL

Diese Spiegelübung soll Ihrem Klienten helfen, Schuldgefühle loszulassen, um Wachstum zu ermöglichen.

MATERIAL

Spiegel

ZIELGRUPPE

Coachs

Psychologische Kenntnisse erforderlich.

ZEITDAUER

15-20 Min. Gemeinsame Reflexion im Anschluss
mindestens 60-90 Min.

EINFÜHRUNG

Wir machen alle Fehler. Manche davon sind vielleicht folgenschwer für sich selbst und andere. Schuldgefühle und Gewissensbisse sind die Folge. Sie verfolgen uns manchmal bis in den Schlaf. Was haben Sie sich bisher nicht verziehen? Viele Menschen, die ich berate, tragen Säcke voller Schuldgefühle mit sich herum. Das Festhalten an Schuldgefühlen verhindert positive Entwicklung und Wachstum. Menschen, die beruflich sehr eingespannt sind, haben oft Schuldgefühle gegenüber ihren

Familien. Daher ist es wichtig, angemessene Möglichkeiten zu finden, um die Schuldgefühle abzutragen oder endgültig zu begraben. Haben Sie jemanden bewusst oder fahrlässig Schaden zugefügt, so ist es wichtig, eine Wiedergutmachung zu leisten. Sind die Schuldgefühle in einem negativen Selbstbild begründet, ist zu ergründen, warum es so wichtig ist an Schuldgefühlen festzuhalten, um sich selbst immer wieder damit zu schwächen.

Auch die vererbte Schuld der vorherigen Generationen lastet oft auf Menschen. Nachkommen von Verbrechern haben oft diese Bürde auferlegt bekommen, ohne dass sie eine Schuld trifft.

Gehen Sie in sich und ergründen Ihre Schuldkonten. Reflektieren Sie, ob Ihre Schuldgefühle berechtigt oder unangemessen und schon längst gesühnt sind. Seien Sie gnädig zu sich selbst und verzeihen Sie sich Ihr Fehlverhalten der Vergangenheit. Sie können das Geschehene nicht ändern, aber Sie können für die Zukunft Wertvolles daraus lernen. Schon Jesus hat gesagt: „Wer ohne Sünde ist, werfe den ersten Stein". Wir sind alle nicht unfehlbar.

ANLEITUNG

1. SCHRITT
Arbeiten Sie zunächst schuldbehaftete, wachstumshemmende Themen im Gespräch sensibel und vorsichtig mit Ihrem Klienten heraus.

2. SCHRITT
Lassen Sie nun Ihren Klienten wie ein Mantra zehn Mal hintereinander sagen: Ich liebe mich. Ich verzeihe mir. Ich handle nach bestem Wissen und Gewissen.

3. SCHRITT
Reflektieren Sie im Anschluss an die Übung mit Ihrem Klienten dieses hoch sensible Thema feinfühlig und vorsichtig.

Nachwort

Die Investition in meine Persönlichkeitsentwicklung ist für mich zur lustvollen, selbstverantwortlichen Aufgabe geworden, weil ich erfahren durfte, wie positiv sich mein Leben dadurch entwickelt hat. Ich habe mich auf die Suche nach mir selbst gemacht und mich Stück für Stück gefunden. Dazu gibt es viele Wege, vor allem gehört dazu die Schulung meiner Kompetenzen auf der beruflichen und privaten Ebene. Fortbildungen, Supervision, Coaching, Netzwerken, aber auch Fotografie, Malerei, Literatur, Reisen, Yoga, Meditation und soziales Engagement. Eine tiefe Selbstliebe und bedingungslose, vertrauensvolle Freundschaft zu mir selbst hat Selbstzweifel und Ängste vor Veränderung verdrängt. Es gibt noch so viel Positives zu entdecken. Das macht mich dankbar und glücklich.

Bedanken möchte ich mich bei den vielen wunderbaren Menschen, die meine Entwicklung gefördert haben. An erster Stelle danke ich meinem Mann Thorsten, der immer voller Liebe meine Entwicklungsschritte unterstützt und begleitet hat. Ich danke meiner Familie, die immer hinter mir steht. Auch all meinen Freunden danke ich für ihren unerschütterlichen Glauben an mich und meine Visionen.

In Bezug auf mein Buchprojekt geht mein Dank an das gesamte Team des Rosenberger Fachverlags. Besonders an Frau Kwincz, die unermüdlich ihre rare Zeit geopfert hat, um mich bestmöglich zu unterstützen, und an Herrn Dr. Rosenberger, der den Mut hatte, dieses Buch zu verlegen.

Großer Dank richtet sich auch an meine Klienten, die durch die Freigabe ihrer Fotos diese anschauliche Präsentation meiner Arbeit ermöglicht haben.

Mit diesem Buch habe ich einen wichtigen Entwicklungsschritt vollbracht. Darauf bin ich sehr stolz. Ich wünsche jedem Menschen die bestmögliche Entwicklung seiner eigenen Persönlichkeit. Sie sind der wichtigste Mensch, mit dem Sie Ihr Leben verbringen. Jede Investition in die eigene Persönlichkeit ist daher immer sinnvoll und gut.

Literatur

Akashe-Böhme, F. (Hg.), Reflexionen vor dem Spiegel,

Suhrkamp, Frankfurt/Main 1992

Böning, U. und Fritsche, B., Coaching fürs Business,

managerSeminare Verlag, Bonn, 1. Aufl. 2005

Fischer-Epe, M., Coaching: miteinander Ziele erreichen,

Rowohlt, Hamburg 2006

Foerster, H. von, Kybernethik,

Merve, Berlin, 1993

Foerster, H. von und Bröcker, M., Teil der Welt – Fraktale einer Ethik,

Carl Auer, Heidelberg, 2. Aufl. 2007

Gegenfurtner, K. R., Gehirn & Wahrnehmung,

Fischer, Frankfurt/Main 2003

Gerrig, R. und Zimbardo, P., Psychologie,

Pearson Studium, München, 17. Aufl. 2008

Goldstein, E. B., Wahrnehmungspsychologie,

Spektrum, Heidelberg 2002

Heckhausen, H., Motivation und Handeln,

Springer, Berlin 2006

Hüther, G., Bedienungsanleitung für ein menschliches Gehirn,

Vandenhoeck & Ruprecht, Göttingen 2009

Hüther, G., Die Macht der inneren Bilder,

Vandenhoeck & Ruprecht, Göttingen, 5. Aufl. 2009

Kehr, H., Motivation und Volition,

Hogrefe, Göttingen 2004

Klauer, K. und Leutner, D., Lehren und Lernen,

Beltz, Basel 2007

MacDonald, M., Dein Gehirn, das fehlende Handbuch ,

O'Reilly, Köln 2009

Molcho, S., Alles über Körpersprache,

Goldmann, München 2001

Patrzek, A., Fragekompetenz für Führungskräfte,

Rosenberger Fachverlag, Leonberg, 5. Aufl. 2010

Petzold, H., Integrative Therapie,

3 Bände, Junfermann, Paderborn 2004

Püttjer, C. und Schnierda, U., Geheimnisse der Körpersprache,

Campus, Frankfurt/Main 2006

Radatz, S., Einführung in das systemische Coaching,

Carl Auer, Heidelberg 2008

Rauen, C., Coaching-Tools,

managerSeminare, Bonn 2006

Saum-Aldehoff, T., Big Five,

Patmos, Düsseldorf 2007

Schafiyha, L., Fotopädagogik und Fototherapie,

Beltz, Weinheim 1996

Schottenloher, G., Kunst und Gestaltungstherapie,

Kösel, München 2000

Simon, F., Zirkuläres Fragen,

Carl Auer, Heidelberg 2007

Sprenger, R., Mythos Motivation,

Campus, Frankfurt/Main 2002

Sprenger, R., Vertrauen führt,

Campus, Frankfurt/Main 2007

Vester, F., Denken, Lernen, Vergessen,

Dtv, München, 2007

Zur Autorin

Karmen Kunc-Schultze ist Diplom-Sozialpädagogin, approbierte Psychotherapeutin, systemischer Coach und Diplom-Fotodesignerin. Auf der Grundlage ihrer fachübergreifenden 20-jährigen Praxiserfahrung hat sie ihr innovatives Coachingkonzept Photoprofiling entwickelt. Im Jahr 2007 gründete sie das Institut für Photoprofiling. Schwerpunkte ihrer Coachingarbeit sind die Potenzialentwicklung und authentische Selbstpräsentation von Unternehmern, Fach- und Führungskräften aus der Wirtschaft, Politik und Kultur. Seit 2009 bildet sie in ihrem Institut systemische Coachs zum Photoprofiler aus. Karmen Kunc-Schultze ist ehrenamtlich engagiert in der Präventionsarbeit gegen Essstörungen bei Jugendlichen und als Mentorin. Sie lebt und arbeitet in Essen.

KONTAKTDATEN
Institut für Photoprofiling®
Girardetstraße 62
45131 Essen
Telefon: (0201) 7 29 19 88
Mobil: (0175) 3 27 01 73
E-Mail: kks@photoprofiling.com
Internet: www.photoprofiling.com